【新版】

殺されたもののゆくえ

——わたしの民俗学ノート——

鶴見和子

はる書房

殺されたもののゆくえ◆目　次

一　柳田国男と南方熊楠

日本民俗学の父と母

きょうの話は「柳田国男と南方熊楠《みなかたくまぐす》」という題でございます。私は柳田先生には大変にかわいがっていただきました。戦後のことでございますが、柳田先生のお宅のちょうど筋向かいに私の父のうちがございましたので、よくお目にかかってお話を伺ったり、それから私が病気のときは、柳田先生ご夫妻から、「じじとばばより」という札のついた美しいお花を贈っていただいたり、私にとっては本当になつかしい方でございます。あんな偉い先生であって、とても親しくしていただきました。

私はアメリカで社会学をマリオン・リーヴィ教授のもとで学んでまいりまして、それから一生懸命になって、柳田先生のお仕事を読むようになりました。

私はアメリカで近代化論を学んできたのですけれども、アメリカ流の、西欧をモデルとした近代化の理論では、日本の近代化、中国の近代化、その他後発国の近代化を完全にとらえることはできないのではないか。ああいうやり方では切り捨てられるものが出てくる。その切り捨てられるものの中に大変に大事なものがある、ということを感じました。

その切り捨てられたものを本当につかみ、そしてさらに、その意味をつかみ取れるような理論とはいったいなんだろう、と考えましたときに、私たちにとっていちばんありがたいものは柳田先生の民俗学でした。

最初に私は、柳田先生のお仕事を日本の土着的な社会変動論と見たてました。西欧をモデルとした近代化論は、アメリカとか、イギリスとか、西ヨーロッパの先発国の経験に基づいて作られた社会変動論です。それに対して、私たちは土着の社会変動論というものを再構築することができるのではないか。そしてそのカギが柳田国男の民俗学の中にあるのではないか。

『漂泊と定住と――柳田国男の社会変動論』(筑摩書房)という本はそういう考えから出てきたわけでございます。

その次に、これもまったく偶然のことなんですけれども、南方熊楠について本を書かなければならない羽目になりました。それまであまりよく知っていなかった南方熊楠の仕事を、『南方熊楠全集』を手にとって、初めから読み始めました。そして『南方熊楠――地球志向の比較学』（講談社）という本を書いたわけです。

柳田と南方とは、どちらが日本民俗学の父か、母かということについて、論争のあることだと思いますが、いずれも創設者、創始者、開拓者であるこの二人の偉大な学者、思想家は、協力をしながら対立をしていた。ということは、この二人が非常に違うのではないか、この二人の学問の性質、および人間としての資質はかなり違ったものだったということに気がつきました。

南方熊楠を通して柳田国男を見る、南方熊楠との対比において柳田国男を見ると、今まで柳田を、アメリカ社会学を通して見ていたときとは違った切り口が見えてきました。

一国民俗学と、比較、そして普遍性

最初に、この二人の共通点と相違点を考えてみたいと思います。

南方熊楠は、生まれは和歌山県です。中学校を卒業してから大学予備門――今の東京大学の前身でございます――に入ります。しばらくして、「脳に疾を感ずる」、と言ってやめるんです。そしてアメリカに行きます。脳に疾を感ずるといっても、何も病気になったわけではないのですけれども、おもしろくないと思ったのでしょうね。同期生には夏目漱石、正岡子規、山田美妙斎《びみょうさい》、水野錬太郎などがいました。一一六名中、英語の成績は下から八番目。とくに体操は、みな欠席で成績はゼロです。そうして、アメリカに行って、アメリカも未開野蛮の国である、学問の国ではない、と言ってこれにも見切りをつけて、イギリスに去りました。

アメリカに五年、イギリスに九年滞在します。アメリカでも、イギリスでも、大学に行かないで独学をした人です。大英博物館に座って、そこで古今東西の本を読んだのです。南方は十数か国語の言葉が読めたといわれております。どうやって十数か国語を独学で勉強したか、というのもおもしろい話なんですけれども、そんな話をしていると先へ進みませんので省略しますが、何しろ十数か国語の本を読んで、それを筆写したんです。

そして一九〇〇年、二十世紀の初めに日本に帰ってきます。日本に帰ってきてから後はずっと和歌山県の、最初は那智にいたのですが、後に田辺に定住して、それからは生涯、国の外に出ることはありませんでした。しかし、一生涯を通じて外国から本を取り寄せて読んでいる。ですから、西欧の最新の学問的水準を常に見つめていた人です。そして同時に、自分でも英文でイギリスの『ネイチャー』とか『ノーツ・アンド・クィアリーズ』という学術雑誌に原稿を出しておりました。それが三百編以上にのぼっております。そういう博学な人でございます。

柳田国男は、最初は文学から出発して、農政学を経て民俗学に至りました。非常に幅の広い学際的な研究をしましたが、守備範囲は、人文・社会科学でした。これに比べて南方熊楠は、自然科学と社会科学、人文科学に相わたっていました。

柳田国男は一国民俗学に執したと言われます。日本のことは日本人の学者が調べるべきである。外国のことはそれぞれの国の学者が調べればよろしい。まず日本の学者が日本のことをよく知り、中国の学者が中国のことを知り、インドの学者がインドのことを知り、そのうえでお互いにノートを比べ合うことによって、国際比較というものはできる。だから、日本の学者が日本のこともあまりよく知らない、まして、インドのことも、アメリカのこともよく知らないで、いきなり比較しようとするのは、軽はずみなことだと柳田は自戒していたのです。

ところが、南方はそこが違うわけです。南方は何しろ博覧強記《はくらんきょうき》ですし、十四年間外国の生活をしております。それですから比較ということを自信をもってその学問の方法の中に打ち出しております。

また、柳田の本を読みますと、「こういうことは日本にだけあることであって、外国にはあまりないことだ」という表現がよく出てまいります。

ところが、南方の場合には、「日本にあるほどのことは欧州にも古《いにしえ》はありしなり。それを今の欧人はできず」ということを言っております。

私はこういうふうに言いかえております。南方は、日本にあるほどのことは外国にもある。外国にあるほどのことは日本にもある。だから、比較をしてみることが大事である。人類という立場で見れば、それほど日本人が特殊であるというようなことは言えない。同じように見えるものが違う表現で表れたり、違う形で表れたり、違う脈絡で表れたりすることはあるけれども、基本的に日本だけにあることとは言えないのではないか、という主張です。普遍性を目指すのが南方のやり方なんです。

これに対して、柳田は一国民俗学に注意を集中して日本および日本人について研究し、日本および日本人について発言することに全力を傾けた。それでも晩年は、「時間が足りない」と嘆いておられたそうです。これは大きな問題で、きょうは一つはそのことを皆さんと一緒に考えたいと思います。

柳田の学問の対象が一国民俗学であったということは、はたして日本人だけの解明に終わったのかということなんです。私はそうではないのではないか、と今考えるようになっております。

「東国の学風」にも違いがあった

柳田と南方の学問の共通点は、「東国の学風」を創《つく》るということでした。まず南方から柳田への書簡があって、それに対する答えとして、柳田の南方に対する書簡の中に「東国の学風」を創るという言葉が出てくるのでございます。

南方が言い出したのはこういうことです。「精細に論理《ロジック》の学と数学を固め、次に諸般の科学を一通り心得た上、東洋のことに精通して西洋の学を用い、欧米人のまだまだ見出ぬ原理・原則を多く見出されたきことなり」と書いてあります。西洋人のまねばかり今までの日本の学者はしてきたけれども、これではだめだ。自分たちは西洋の学問を用いて東洋のことを究め、西洋の学問と東洋の学問とに精通したうえで西洋の学者がまだ発見していない原理をみつけていくべきだ、と言ったのです。それに対して柳田は次のように答えています。「西洋と文明の自慢のし合いもするを要せず候えども」（というのは、どっちが偉いとか、どっちが下だとか上だとかいうことを言う必要はないけれども、）「四十年来の」（というのは、これは明治初期からのことですね。これが書かれた年がちょうど明治四十四年なんです。）「受売にあき、此方《こちら》にて明らかにすべきものは明らかにし、示すべきものは示し、どうしても東国の学風を創らねばならず候ことは動かぬところに有之候。」

南方と柳田のいちばんの共通点はここだと思うのです。外国の学問の模倣ばかりしていたのではだめだ。日本の学者はずっと模倣ばかりやってきたが、これからはわれわれの学問を創出しなければならない。今の言葉でいえば内発的な創造性ということになります。明治四十年代の言葉としては、「東国の学風」は、斬新な響きを持っていたと思います。ところが、何を東国の学風の根にするか、ということにおいて、柳田と南方は違うものを持っていました。

柳田は、戦後、新国学というものを提唱いたしました。本居宣長、平田篤胤の国学に基礎をおいていました。

南方は何をその学問の基礎としたのでしょうか。幼いときの体験は人の心の奥に入って生涯消えることのないものだ、特に価値観とか感情、情動というものは深く入って、その人の一生を貫いていくものだ、と言われております。南方が幼いときに強い感化を受けたのは大乗仏教です。真言密教です。

これには、まず両親の教えがありました。それから和歌山の町内の旦那連中が子どもを集めて、いろいろなことを説教したり教えたりしていたんですね。そういう形で非常に深く真言密教が南方の中に入っております。ですから、南方が東国と言うときには必ずしも特殊日本的な学問ではないわけです。インド、中国、日本を一緒にして東洋、特に古代仏教が南方の根になっております。

柳田と南方は同じ東国の学風を創るという共通点に立ちながらこのように、根が違っていました。

換骨奪胎と正攻法

もう一つの相違点は、つなげ方です。柳田も南方も、二人とも西欧の学問を深く、広く学んだ人たちです。日本の国学、あるいは大乗仏教と、西ヨーロッパに勃興してきた新しい社会科学および自然科学とを、どのように結びつけたか。その結びつけ方が柳田と南方では違います。

文体について申し上げますと、柳田の文章には、注がついていないんです。どこがゴムで、どこがアナトール・フランスで、どこがフレーザーで、どこがタイラーからの着想であるか、ということはまったくわからないんです。さまざまの本を読んで全部換骨奪胎《かんこつだったい》してしまうわけです。そして、自分の血肉にしてしまうから出典は気にしてはいられない、ということになります。

ここに一つの柳田国男の方法論の特徴があると思うのです。

このことが私にとってはっきりわかってきたのは、南方熊楠を読んでからなんです。南方熊楠の論文には、おびただしい注がついています。著者の名前があって、著書名があって、ページ数がついているんです。何年に出版された、どこのどういう本の何ページにこのことがある、ということが全部記してあります。短い論文でもだいたい三十、四十ぐらいの注がついております。真ん中に括弧して出所出典を明らかにしているんです。まぎらわしいほどに明らかにしている。

　この違いが、西欧の学問と日本の学問とをつなぐ方法の違いを具体的に表していると思います。柳田も南方も二人とも博覧強記の人です。大変にたくさんの外国の書物を読んだ人たちです。でも、南方のほうがおそらく十数か国語できたんですからより、広い範囲で読んでいることだけは確かです。

　柳田は、南方ほど広くはないけれども、非常に深く、アナトール・フランスとか、ハインリッヒ・ハイネとか、ジョージ・ローレンス・ゴムなどは何回も何回もくり返し読んだに違いありません。それらを自家《じか》薬籠中《やくろうちゅう》のものにしてしまうんです。自分の中に全部取り込んでしまって、そうして、自由自在にそれを使っているのですけれども、つなぎ目を全然隠しているわけです。これはどこからきたんだということを隠している。痕跡をとどめないわけです。私たちがいろいろなことをつなぎ合わせますと、うまくつながってないときには、なんだかこの人は支離滅裂だなと思う。ところが、それが全部一枚の布みたいに見えるほどに縫い目の見えないパッチ・ワークになっている。

これが柳田の方法の秘密だと思うのです。そのことについてこれから少し考えてみたいと思います。

南方のほうは正攻法です。彼は、「スペンセル氏」（ハーバート・スペンサー）がこう言ったとか、タイラーがこう言ったとか、ダーウィンがこう言ったとか、どういう本の何ページで言ったとかいちいち書いてある。

そのやり方は私にはよくわかるんです。西欧の学問というものは、名札をつけなければいけない、ということを非常にきつく教えます。私もそういう訓練を受けてまいりました、私の学生にも、「思想とか、情報とか、知識というものはすべて名札をつけなければいけません。これはだれの書いたどの本のどこにあった、ということをはっきりさせないで言えば、それはあなたが考えたことだ、というふうになります。もしも、あなたがほかの人の書いたことを引用しながら、あたかもあなたが書いたことのようにすれば、それは剽窃《ひょうせつ》罪になります。泥棒と同じことです」というふうに言っております。自分も、泥棒をすることのないように一生懸命気をつけておりますから、注が非常に多い、非常に読みにくい論文になってしまうわけなんです。

南方の文章は、読みにくくはないのです。しかし、見る人によってはまぎらわしいと思うくらいにたくさんの注がついている。

それは、私は南方が長くイギリスで独学した影響だと思います。

異をたてないのと、対決の精神と

南方の場合、なぜこうなっているかというと、それは論争スタイルなんです。南方はロンドンにいたころに、大英博物館に一日中座っていろいろな本を写本している。帰りは歩いて自分の下宿に帰るわけです。その帰り道に、ハイドパークを通って歩いてくるわけです。そうしますと、あそこには、今でもあるんですけれども、あのころは特に盛んであったソープ・バックス・スピーカーがいました。石鹸の箱の上にちょこんと乗って、街頭演説をする人のことです。日本で言えば、辻説法ですね。それを公園でやっているんです。

そういうふうに口でやる論争と、書くことによっての論文による論争とが、すごくはなばなしく行われていたのがこのビクトリア王朝最後の時期のイギリスです。彼はそこに居を構えて、自分も書いてその論争に参加していたわけです。

南方熊楠という人はおもしろい人で、演説したことがないんですね。日本語でも、英語でも、何語でも演説したことがないんです。人の前でしゃべるのがすごく嫌いなんです。ですから、人の前でしゃべらなければならないときには、アカンベエをして帰ってきたという有名な話があります。

だから、しゃべって論争したのではないけれども、筆で論争したんです。大論陣を張ったんです。しかも、十九世紀末のロンドンという論争の本場に居合せて、それをずっと自分の身体の中に蓄えてきた人なんです。その論争癖というものが南方の文章のスタイルに影響していると私は思います。論争するときは、私はこう言いました、あなたがこう言いました、そして、この人がこう言いました、というふうに言わなければ論争にならないでしょう。

だれが何を言ったんだかわかりませんけれどもね、という柳田風は論争をしないのです。つまり論争とはことばによる正面衝突です。力でけんかするのではないけれども、口で口論をするんです。対決の精神です。ところが、先ほど言いましたように注がない文章を書くということを通してもわかることは、極力正面衝突を避ける、これが柳田国男の信条の中に一貫して貫かれている。その文章のスタイルの特徴は、だれがこう言った、彼がこう言った、そして、これとこれが、違う違う違うということを言わないということなんです。

異を立てないやり方で、そうして、非常に違うものを何となく一緒にくっつけて、それがさまになる。この何となくくっつけて、さまにならなければ何でもないわけなんですけれども、何となくくっつけて、しかもさまになる。それが、柳田国男の創造の秘密ではないかと思います。

南方熊楠の創造の秘密は、どこまでもどこまでも論争していって、そして相手をただ打ち負かすのではなくて、相手の言っていることと、自分の言っていることとが対立していたら、その対立点を明らかにすることによって、最初の自分の意見とも、また、最初の相手の意見とも違って、両立できる考えに統合していく。新しい考え、新しい価値を創造していく。対決を通して創造へという過程なんです。これは近代ヨーロッパ的なやり方の創造だと思います。

これが柳田と南方の方法的な違いであると思います。

真言密教の因縁の必然性と偶然性

そこで、南方の場合には何が出てきたかと言いますと、いろいろなものが出てきたのですけれども、その中で出てきたいちばんおもしろいものは、真言密教の曼陀羅《まんだら》です。その曼陀羅を読み替えたということです。仏教では因縁ということを申します。この因縁ということが大事なんです。

仏教の因縁とは何か、ということを近代科学の論理で解いてみると、因というのは因果律の因である。縁というのは違うものです。一つの因果の系列が続いていく、これは必然性の論理です。ところが、今度はまた違う必然系列が進行する。そうすると、ある一つの因果の系列と、もう一つの因果の系列がゆくりなくもどこかで出会うわけです。

たとえば大きなビルディングの建築が進行している。そのときに上から大工さんが金槌を落とした。そうしたら、下にだれかが通りかかって、その金槌で頭をぶたれて死んでしまった。あるいは自殺する人がビルディングの上から身投げをして下へ落ちてきた。下をたまたま歩いていたのは、母の日で、お母さんにお祝い物を買おうと思って、心楽しくデパートにやってきた人です。その人は死のうとも何とも思っていない。お母さんに何かいい物を買ってあげようと思って、歩いていた人が、自殺しようとした人が上からバンと落ちてきたために死んだ。そういう事件がありましたでしょう。

一人一人は必然性によって動いているわけです。自分は給料をもらったから、きょうは母の日だから、お母さんに何か贈り物をしよう、というのはその人の必然なんですね。そしてあるデパートに行った。ところが、もう一人の人は、なんで自殺したのか知らないけれども、たとえば、事業が不振で、お金が返せないで、借金がかさんだから、もう生きていることはできないと思って自殺した。これはこの人の必然なんですね。

ですから、両方とも必然なんだけれども、この必然と必然がここで出会うのは偶然なんです。これは何も必然性がないわけです。ということが、人間の世界では非常に多い。このように偶然の出会いによって、その後の必然性の進行はかなり変わったものになる。

それを、どうやって解くことができるかというと、近代科学では解けないということを南方は言ったんです。ところが、仏教の真言密教の中にある因縁という考えは、両方を同時にとらまえる。必然性と偶然性とを、同時にとらまえることのできる方法論をその中に内包しているものではないか、というふうに南方は読んだんです。

真言密教の大日如来《だいにちにょらい》を真ん中にした曼陀羅図というのは、大日如来が中心にいて、まわりに諸仏がいますね。そういうものの配置を考えて、それが森羅万象《しんらばんしょう》の見取図であるということにしたのが曼陀羅です。

南方は西欧科学の論理をもって真言密教の方法論を明確化したということができます。しかも、西欧科学が、それまで、因果律――必然性――だけを追究していたのに対して、必然性と偶然性とを同時につかまえるような新しいモデルとして真言密教を読み替えていく。そういう仕事なんです。ここには最初に西欧科学と仏教との間にはっきりした対決があるわけです。

西欧科学によって、仏教の謎を解いていくという方法なんです。

矛盾律と排中律、ぼかしの論理

ところが、柳田の場合にはそうではない。柳田の中で、さまざまなものが一つの入子《いれこ》細工になっているのです。先ほどは、外国の学問と日本の学問との関係の中で注がない、ということを申し上げましたが、こんどは内容について考えてみましょう。『先祖の話』をひいてみます。

柳田国男の『先祖の話』は、戦争中に書かれて戦後に発表されたもので、日本人の心の底にある宗教観を表した名作です。その中で日本人が死んだらどこに行くか、という日本人の死後観を書いてます。ここにその四つの特徴があげられています。

「第一には、死してもこの国の中に霊はとどまって遠くへは行かぬと思ったこと、第二には、顕幽《けんゆう》二界の交通が繁《しげ》く、単に春秋の定期の祭だけでなしに、いずれか一方のみの志によって招き招かるることがさまで困難でないように思っていたこと、第三には、生人のいまわの時の念願が死後には必ず達成するものと思っていたことで、これによって子孫のためにいろいろの計画を立てたのみか、さらに再びみたび生まれ変わって同じ事業を続けられるもののごとく思ったものの多かったというのが第四である」というふうに書いています。

死んだ者が生きている者の身近にいるという考え方ですね。身体、肉体のほうは朽ち果ててしまう。それでも、霊魂は肉体から離れて、生きている人の近くに長くとどまっているということなんですね。死者と生者の交通が繁く、死者は、いつでも自分が呼べば答えるところにいる。生きている人と死んだ人は対話ができるということを日本人は信じている。

ところが、ここでおもしろいのは仏教なんです。仏教は、厭《おん》離《り》穢《え》土《ど》欣《ごん》求《ぐ》浄《じょう》土《ど》です。この汚れた俗界を離れて、死者は早く極楽に行ったほうがいいわけです。欣求して浄土へ行くというのは、すごく遠いところへ行くわけです。だから、生者と死者との交通は絶えてしまうわけです。

もともとインドの仏教は祖先宗教ではありません。祖先を祭るとか、祖先がそばにいて子孫をいつまでも守るという宗教ではありません。お墓さえ作らないわけです。骨はガンジス川に流してやる、自然に帰してやるという宗教なんですから、全然違うのです。

ここのところの事情を柳田は大変おもしろく表現しています。お坊さんがきてお経をあげますね。そのお経は、早くこの汚れた土地を離れて極楽浄土に往生しなさい、と言っているわけです。ところが、そのお坊さんにお金をあげて、お経をあげてくださいとお願いしている家族は、いつまでもいつまでも死んだ人の魂が、この家に残って私たちを守ってくださいますように、と心の中で願っている。そうすると、全然違うでしょう。矛盾しているわけです。

矛盾しているのにそういうことをやっているのは、「そのお経の言葉がチンプンカンプンで死者にも生者にもよく通じなかったので、せめて気まずい思いをすることが少なかったからよいのだが……」と書いてあるんです。

非常に重要なところで逃げているわけですよ。では、どうしてなんだ、そんな矛盾したことをどうして成立させるのか、という問題をつきつめて考えない。これが南方熊楠だったら、それをとことんまで追究していきますよ。だけど柳田は、わからなかったからそれまでさ、というところでとどめています。そして、祖先宗教でもなんでもない仏教を日本人は取り入れて、それを祖先崇拝のために、ご先祖の供養のために十分に利用してしまった。

それからもっとおもしろいことには、これを読んでいるとどうなっちゃうのかなと私は思うのですが、この国の中に霊がとどまるということと、それから、山の上に行くということを柳田は書いています。

山の上に登っていって、だんだんに雲のない清らかな山の峰に行って霊が清まっていく。そして三十三年の弔いあけで、その祖先の霊は自分の名前を失って祖霊一般に溶け合っていくのである、と書いてあるんです。それが一つです。

もう一つは、死んだ人の霊は何回でも生まれ変わることができる、と書いてあるわけです。七生報国というから、七度生まれ変わるのかな。ここには、みたびと書いてあるのだけれども、ふたたびみたび生まれ変わって、というのはどういうのかというと、新しく生まれてくる赤ん坊の中にその魂が入るというんです。そしてまた自分の人生を生きていく。そうすると、いくつ魂があったらいいのかなということになるわけです。

死んだ人は草葉の陰にもいるんです。それから、山のずうっと高いところにも登っていっているんです。それから、生まれ変わってほかの人の体の中にもちょろっと入るんです。それから、仏教のお坊さんがきてなにやらチンプンカンプンのことを言うから、浄土にも行かなければならないんです。これはどうなっているのでしょう。

アリストテレスの形式論理学における矛盾律というものを考えたら、矛盾しているわけです。魂が、同時にあっちに行ったり、こっちに行ったりするということは矛盾でしょう。遠くへ行くというのと、近くにいるというのは矛盾ですから、同時に二つの場処に存在することはできない。これは矛盾律を無視するという考えになります。

もう一つ、アリストテレスの論理学には排中律《はいちゅうりつ》というのがあります。Aと非Aとの境の、Aでもない非Aでもない、というものはないということなんです。だから、いいとも言えるし、悪いとも言えるわけねとか、「こぞとや言わん今年とや言わん」という歌があるけれども、きょうは今年かしら、それとも去年かしら、あるいは来年かしら、などというそういう境目がわからないという論理は、アリストテレスの排中律からいうと非論理なんです。論理的でないということになるんです。

ところが、柳田の書いたものの根底には、アリストテレスの矛盾律ということにも合わないし、排中律にも合わない考えがあるんです。私はこれを「ぼかしの論理」と呼びます。境目がぼやっとしているんです。今までは、柳田のこういうものの書き方、ものの考え方がものごとをわからなくしている、これは論理的ではない、という言い方がされてきました。

あいまい領域の成立を認めよう

しかし、私は最近、これは論理的ではないと言う人が間違っているのではないか、というふうに考えるようになったんです。それはどういうことかと言いますと、ヨーロッパ近代というものが出てきたときに、ヨーロッパの中世的思考を殺して、ヨーロッパ近代というものが出てきたんですね。ヨーロッパ近代が殺したものを、もう一度見直そうという考えが西ヨーロッパ人の中から現われてきた、ということがおもしろいのです。

それの一例を申し上げますと、日本に数回来ましたイヴァン・イリイチという人がいます。イリイチはカトリックの僧侶です。第三世界のプエルトリコだとかメキシコなどに行って、ローマに対する批判をしたということから、ローマから追放になったけれども、自分では、今でもカトリックの僧侶として立っていると自覚して、カトリックの僧侶としての道を歩んでいる人です。この人がおもしろい論文を書いております。専門はヨーロッパの中世史です。中世史の見直しということなんです。

彼は、一四九二年八月十八日という日が大変に記念すべき日だと言います。それより二週間前にコロンブスがスペインのイサベラ女王の許可と援助を得て――そのときは中国に行くつもりだったんですね――中国大陸をめざして出航しました。ところが実際に行き着いたところはアメリカだったんですね。アメリカ大陸を発見したコロンブスの出航は、世界中だれでもが知っている。ところが、その二週間後に起こったことを、スペイン以外の国の人はほとんど忘れてしまった。

それは何かというと、ネブリハという文法学者が、スペイン語の文法書をイサベラ女王に進呈した日でありました。

なぜこれが大事かというと、そのときにネブリハは、初めてスペイン語の文法書を作ったんです。そのことによって何が起こったかというと、スペイン語が統一されたんです。

ということは、標準語としてのスペイン語が確立されたわけです。

それまで、スペインのさまざまな地域では、それぞれ地方語を使っていました。地方語というのは統一された言葉ではなくて、小さい人々の使う日常語だったわけですね。つまり、なまりですね。なまりと言っても、日本でいうなまりよりも、もっとすごく違う言葉なんですが、そうことばを使っていた。そのころはその言葉をだれが教えたかというと、家庭の中で父母が子どもに教えたんです。

ところが、ネブリハが文法書を作り、それによって言語が統一されて、学校という制度の中で言語が教えられることになり、すべてのスペイン国民は、統一されたスペイン語を学校で学んで、これを使わなければいけないということになったために、小さき人々の使っていた日常の地方語は全部殺された。もちろん日常語には使われますよ。しかし、これは正式な言葉ではなくなったわけです。公用語は統一されたスペイン語を使わなければいけない。つまり、殺されたんです。殺されたということがすごく大事な点なんですね。国家による国内の文化の統一です。

この論文は「ヴァナキュラ・ヴァリューズ」という題なんです。（「ヴァナキュラーな価値」、〔I・イリイチ著、玉野井芳郎、栗原彬訳、『シャドウ・ワーク』、岩波現代選書、一九八二年所収）イリイチはヴァナキュラという言葉をたくさん使っています。ヴァナキュラというのはその土地でできたということなんです。このヴァナキュラというのは、柳田国男の常民《じょうみん》文化の概念に非常に近いと思います。

その土地で生まれた価値、その土地で生まれた言葉、その土地で生まれた習俗、風俗、習慣というものが、統一されたスペイン国の国語、スペイン国の制度によって殺された日なんです。そして、国内が統一されるのと、その国が外国を侵略していくのとは同時並行的に起こったと言うんです。

これは、私はすごい指摘だと思うのですが、殺されたものをもう一度考え直そうではないか、というのがイリイチの考えです。国家が文化を統一することによって、小さき者の文化を押し殺していくということが近代なんです。近代のはじめに殺されたものを、もう一度復権しようではないかという提案です。

近代というものが、今一つの行き詰まりになっているわけですね。一つは非常に速い工業化による、無理な工業化による環境の破壊、それから戦争、つまり、人類の滅亡につながるようなことがそこにつながって起こってきた。

だから、小さき者の価値、小さき者の言葉の復権というものを、この近代文明をもう一度考え直す、よすがとしようではないかというわけです。

中世の復権というのは、また、あいまい領域を認めようという主張でもあります。合理性を否定するのではなくて、アリストテレス論理学の矛盾律と、排中律と、同一律とを認めながら、同時にあいまい領域の成立する領域、つまり、小さき人々の日常の生活の中には、あいまい領域が成立するということを認める。そのような思考が同時に含まれております。

そう考えますと、私は何か目が開けてくるように思うのです。柳田国男の中にある「ぼかしの論理」ですね。矛盾対立するものを、同時に、おうように包み込んでしまう、そういう世界が、もしかしたら、これはただ日本人だけの世界である、これは日本人だけにあることで、西欧人はみんな合理的なのであるというふうに、今まで私たちは錯覚を持ってきたのではないか。

そうしますと、今度は人間の普遍性ということを考えたら、ヨーロッパ近代だけが唯一の人間の普遍か、という大きな疑問が出てくると思うのです。私はそうではないと思うのです。ヨーロッパの近代というのは非常に短い時間なんです。どこから近代が始まったかということは、大変な大きな問題ですけれども、たとえば十七世紀から始まったとすれば、たかだか三百年ですね。

人類の歴史は、その誕生にさかのぼれば、ほぼ一万年もつづいているといわれます。その中のたった三百年のことを考えて、それが人類の普遍的思考である、それに合わないものはだめ、というのはあまりにも偏見に満ちた考えではないでしょうか。

それを考えていきますと、柳田の中にあるこの「ぼかしの論理」は大変貴重なものではないか。そして、それは異なるものを同時につつみこむ、対立するものを併存させるという役割を果たす論理なので、むしろ現代にとっては大事な論理かもしれないと思います。

南方のエコロジーと柳田のエコロジー

今の話のついでとして申し上げたいのは、南方と柳田との間にある、もう一つの共通点でございます。それは、南方の中にも柳田の中にも、現代の生態学、自然生態学、人間生態学を含めて、エコロジーの考えがあるということです。

南方熊楠の場合には、エコロジーという学問が今西洋で起こってくるということをはっきり書いておりまして、それが神社合祀《ごうし》令反対運動につながっていくわけです。ですから、南方の場合は非常にはっきりした形で、エコロジーという学問の自覚があったわけです。それが彼の粘菌《ねんきん》の収集、粘菌の研究と民俗学とをつなぐ糸になっているというふうに私は考えております。

柳田はどうであったかというと、エコロジーという言葉は使っておりません。生態学という言葉も使っておりません。しかし、私は柳田の中に、これも「隠し味」といいますか、隠れた形でエコロジーにつながる思考があるということを、きょうはちょっとだけ示唆しておきたいと思います。

私は柳田の仕事を社会変動論として考えたときに、社会が変動していく、あるいは、人類の社会がこれまで変化しつつ続いてきた、ということのカギになる変数は何かと言いますと、人間に漂泊者と定住者があるということだというふうに考えました。あるいは定住者が一時漂泊する。それは旅人という形です。

漂泊と、定住と、一時漂泊という、この三つのカテゴリーを中心として柳田の変動論は構成されている、というふうに私は考えます。柳田はそういうふうに理論づけて言ってはおりません。これは彼の考えの中に深く沈んでおります。私はこれが柳田のエコロジー思考だというふうに考えております。

柳田は村というものが閉ざされた小宇宙だと考えなかったんです。村の共同体というものは、小さい村であっても、私たちが考えるほどに閉ざされたものではなくて開かれたものである。村には定住者がいるんです。農民、常民というのは定住者です。それに対して、村は漂泊者に向かっていつでも開かれていた。

神様も漂泊者なんですね、神々というのはいつでも回り歩いているんです。日本の神々は漂泊の神々なんです。それから猿回しだとか、万歳だとか、さまざまな芸能者、それから技術者です。石工だとか、鍛冶屋だとか、漆屋だとか、籠《かご》作りだとか、生活に必要なさまざまな技術を与える人、これが漂泊者なんです。村から村へ渡り歩いています。それから宗教の伝播《でんぱ》者ですね、聖《ひじり》だとか、歩き巫女《みこ》だとか、毛坊主《けぼうず》だとか、さまざまな宗教の伝播者がいる。それから乞食《こじき》もそうですね。乞食も村から村へと歩いている。

定住者は、一つのところにいれば所貧乏で沈滞してしまうんです。外からの知識や情報が入らないと、人々は頑固で時代遅れの頭になるんです。ところが、こういう人たちがいつでも新しい情報をもたらしてくれるんです。そして、宗教者によって覚醒もされる。それから神様をお招きしてお祭りをする。お祭りで飲んだり騒いだり、歌ったり踊ったりすることによって、精神的、肉体的な活力も取り戻す。

村がまったく閉鎖された定住者だけのものであったら、ずっと前に沈滞し、消滅している。それを、さまざまな種類の漂泊者が村に入ってくることによって活力を取り戻しているのです。

それが、村が変わっていく、そして、存続していくことの大事な要素であった、というふうに柳田は考えていた。

そうしますと、柳田国男の考えていた漂泊と定住、漂泊者と定住者との出会い、出会いの場としての祭りがある。また定住者であっても、さまざまなところに旅行に行く、あるいは、出稼ぎに行くというようなことでも、その人にとっては非常に大きな教育になるわけです。教育としての旅ということを、柳田国男は非常に重要視しておりました。旅をすることによって、人々はまた元気を取り戻すんです。

この考えは、現代の先端のエコロジーの学問に合致した考えではないか。しかも、一国民俗学者だから一つの国のことだけを考えて、ほかの国のことを考えないから個別主義であるというふうに言われている柳田の中に、私は、日本人と人類というものを結ぶ失われた輪があると思うのです。

その輪は先ほど申し上げました「ぼかしの論理」、それからもう一つは、エコロジーにのっとった社会、および人間に対するものの見方、この二つが、柳田を日本人とその他の外国の人々、人類とを結びつける輪の役割をしている。

だとすれば、柳田は深く日本人を調べることによって、人類というものに突き抜ける方法を、私たちに示唆しているのではないかというふうに考えます。

二　日本人の創造性
――折口信夫・柳田国男・南方熊楠

二年ほど前に、日本人の創造性の二つの型として、南方熊楠（一八六七〜一九四一）と柳田国男（一八七五〜一九六二）とを対比した英文論文をわたしは書いた。[1]しかし、柳田は中間的な傾向が強い。むしろ南方熊楠と折口信夫（一八八七〜一九五三）を対極として、その中間に柳田国男をおいたほうがよいのではないか、と思いついた。[2]この三人の独創的な日本の民俗学の創始者たちを、創造の型としてとらえてみると、日本人の創造性について考えるときの、手がかりになるだろう。また、これまで西欧の学者が論じてきた創造性とは、いくらかちがった考えを提示することができるかもしれない。ただし、折口については、わたしは未学なので、ここでは先学の池田弥三郎氏の研究に拠って、仮説を示唆するにとどめたい。

創造性の定義

心理学者のフィリップ・ヴァーノンは、創造性にかんする欧米の学者の研究を展望したうえで、創造性の定義は、次の二点に収斂《しゅうれん》するという。第一に、創造性は、「考えの新奇な組合せ、ないしは異常な結合である。」第二に、「その組合せまたは結合は、社会的ないしは理論的な価値をもつか、または、他者に対して感情的な衝撃を与えるものでなければならない。」(3)

精神分析学者のシルヴァノ・アリエティは、西欧の独創的な芸術家、作家、哲学者、数学者、自然科学者たちの事例を分析することによって、創造のプロセスを理論的に解明した。アリエティは、創造のプロセスには、つぎの二組の異質な知的過程が結合しあっていることを発見した。第一は、明晰《めいせき》にして判明なる概念と、曖昧にして形の定まらない「内念」(*endocept*)との結合である。第二は、同一律、矛盾律、排中律《はいちゅうりつ》にもとづく形式論理と、それらの原則を無視し、ものごとの異質性よりも同質性を重く見る「古代論理」(*paleologic*)との結合である。(4)

「内念」(*endocept*)と、「古代論理」(*paleologic*)は、アリエティの造語である。デカルトの明晰にして判明なる概念と、アリストテレスの形式論理学は、それなくしては西欧近代の合理主義的思考は成立しえない基本的な思考のプロセスである。これら二つのプロセスに対峙するものとして、アリエティは、「内念」と「古代論理」とを設定したのである。合理的思考だけでは、新奇なものは生れえない。他方、もやもやした内念だけでも、また古代論理だけでも、考えの内容をはっきりしたことばで他者に伝えることはできない。そこで、内念と概念とを、古代論理と形式論理とをむすびつける新しいシステムを作り出すことに成功したときに、芸術においても科学においても、はじめて創造が可能になる、とアリエティは提唱する。

実例としてアリエティが引用しているのは、ダンテ、シェイクスピア、ベートーベン、ポアンカレー、アインシュタイン等々、すべて西欧人の業績である。しかしその中に、一つだけとくに顕著な事例として、平安時代の日本の仏画が引用されている。四つの手を持つ仏陀が、羽根をひろげた孔雀の上に坐っている孔雀明王の図である。アリエティの解説によれば、これを見て、近代西欧人は、仏陀は孔雀ではありえないし、孔雀は仏陀ではありえないと穿鑿《せんさく》する。(類別の論理――形式論理学と明晰判明な概念への志向。)ところが見ているうちに、そのいずれでもなく、仏陀と孔雀とは一体となってとけあっていることに気がつく。仏陀の前身が孔雀であり、孔雀のこの世のすがたが仏陀であるという時間のへだたりをこえた、一種の宗教的心情としての一体感である。(内念)鑑賞者はこうした内的体験を、もう一度、明晰判明な概念と形式論理によって意味づけようとしたとき、それ以前にもっていたのとはちがった、新しい意味の世界がひらけてくる。これをアリエティは、「第三のプロセス」とよんでいる。(5)『創造性』と題するこの本の中で、唯一の非西欧社会の事例が、この孔雀明王図なのである。この挿絵が、本の見開きと、本文の二一六ページと、再度にわたってあらわれるのを見ても、著者にとって、創造の秘密を解く大切なカギとして使われていることがわかる。

デカルトの明晰判明な概念とアリストテレスの形式論理学、とりわけその中の矛盾律と排中律は、西欧近代を代表する思考のパターンである。他方、曖昧な内念と、ものごとを異質性によって区別し細分化するよりも、ことなるものの間の同質性を強調することによってそれらを結びつけようとする古代論理は、西欧社会においても前近代にはあったが、近代では非西欧社会により多くのこっている。そして、明晰判明な概念と形式論理が、人間にとって普遍的な思考のパターンであるとおなじように、曖昧な内念と古代論理もまた、人間にとって普遍的な思考型ということができる。アリエティの理論は、これら二組の思考型のあいだの優劣を二者択一するのではなく、創造のプロセスにとって、両者が相互に不可欠であり、相互補完的であることを明らかにした点で、わたしには興味深い。

そこから一歩すすめて、創造の過程には、西欧と非西欧とのかかわりあいが、深くむすびついていると考えることができる。また、近代化していると同時に、前近代の文化をより多く保っており、そして近代と前近代との文化のあいだに接触の機会の多い社会が、創造の条件として有利であろう。また、両方の影響をより多く受ける機会のある個人は、創造の主体として有利な立場にある、ということができる。

創造の三つの型

アリエティの分析しているのは、孔雀明王図をのぞいて、すべて、西欧の著名な学者・芸術家の創造の過程の事例である。そこでもし、非西欧の側から事例を出してみたら、かれのモデルには包含されない型を抽出することができるのではないか。

アリエティは、ポアンカレーとニュートンの例をあげて発見の過程を分析している。ポアンカレーには、数日間書斎の机に向ってどうしても解けない問題があったが、調査旅行にゆく途中乗合馬車に乗ろうとしたとたんに、閃めくような啓示にあった。「フックス函数を定義するに用いた変換は非ユークリッド幾何学の変換とまったくおなじである。」そして二三日のうちに再び閃めいた想念は、「不定の三個の変数を有する二次方程式の算数的変換は、非ユークリッド幾何学の変換と全くおなじである。」[6] この二つの啓示は、それぞれ、これまで全くちがったものだと考えられていたものの間に同一性を発見させたのである。ニュートンは、りんごが木から落ちるのを見て、月が軌道から外れないのと、おなじ力が働いていることを発見した。りんごの落下と月の運行という全くちがったもののあいだの同一性の直観である。

ポアンカレーの場合は、その直観を、計算することによってたしかめ、新しいシステムを構成した。ニュートンは、りんごの落下と月の運動とを、万有引力という概念を導き出すことによって、新しい説明仮説を創出した。いずれの場合も、同一性の発見は無意識のうちに直観として与えられるが、それを概念化し、新しい類型およびシステムを導き出すのは、意識のレベルの操作であり、明晰判明な概念と、形式論理の媒介を必要とする。そして、新しく創出されたシステムは、事物に対する新しい見方を可能にする。このプロセスをアリエティは「創造による帰納」とよんでいる。

アリエティは、「新しい類型の概念は、同一性の認知よりも遥かに重要である。しかし、同一性の知的捕捉は、意識のレベルで類型の概念を抽き出すために不可欠である、」といっている。(7)

アリエティの抽出した創造のプロセスを、わたしは、概念と形式論理優勢型とよぶことにする。それははっきりした構造をもっている。a　ことなるシステムの間の相異と矛盾をはっきりさせ、両者を対決させ葛藤させる。（意識のレベル）b　ことなるシステムの間に具体的な、部分的同一性を認知する。（無意識のレベル） c ことなるシステムから同一の要素をぬき出し、概念化し、新しいシステムを創る。（意識のレベル）これは、対決から統合にいたる創造のプロセスである。これが第一の型とすれば、その他に、すくなくともつぎの二つの型を考えることができる。

第二は、内念と古代論理優勢型である。第一の型では、bの「無意識のレベル」でのみ、内念と古代論理が活性化するのに対して、第二の型では、すべての過程をとおして、内念と古代論理が強く働くのである。アリエティは、そのような創造のプロセスを、科学の領域とは区別して、詩の領域では認めている。しかし、それは学問の領域でも成り立つのではないか。

第三は、折衷型である。異なるシステムの間の相異や区別をはっきりさせない。たとえ矛盾するシステムであっても、併存させ、つなぎ合わせる。対決を極力回避する点で、第一の型から区別することができる。しかし、概念の明晰判明度においては、第二の型よりもどちらかといえば第一の型に近い。第一と第二の型の中間にあって、これら二つのタイプの折衷ということができる。▼(8)

古代論理優勢型としての「まれびと論」

一九一〇年十月二十五日付書簡で、南方は柳田につぎのように書き送った。

ダーウィン出てより学問という学問みな生物学の心得、科学の心得あるを要する世となりて、科学の心得なきものは議論いかにうまきも、土台は他人の説を受売りせざるべからず。小生幸いに多少生物学に身を入れ、科学のことも心得たれば、西人の大家の説なりとて、むやみに受売りかいかぶらざるほどの心得を積み得たり。（中には心理学や生物学で多少自分見出だせし学理もあるなり。）根底すでに自前のものなる上は、西人と理を争うも不都合なしと思い。常に西人と理争うことを力《つと》めおるなり……。

……さて連歌ということ、日本人は日本人ばかりのものと思い、ようやく支那に連句あるぐらいを知る。しかるに、ギリシアの古え scholia《スコリア》 あり、これ取りも直さず連歌なり。また epigram《エピグラム》 あり、俳句なり。（小生知るところではこれらのこと見出だし、公けにせしは小生始めなり。チャンバレーンなども、いやいやながら日本人のいわゆる epigram すなわち俳句と書きあるは、これを襲取せしと見え候。）日本にあるほどのことは、欧州にも古えはありしなり。それを今の欧人はできず、むやみにこれを羨みほめ立つるなり。

これに対して柳田は、十月二十七日付でつぎのように応えている。

西洋と文明の自慢し合いもするを要せず候えども、四十年来の受売にあき、此方は此方にて明らかにすべきものは明らかにし、示すべきものは示し、どうしても東国の学風を作らねばならず候ことは動かぬところに有之。[9]（傍点筆者）

南方と柳田とは、明治以来、ヨーロッパの学問の「受売り」に忙しい日本の学問のあり方を批判し、「東国の学風」を創出するという目標について、共鳴した。東国の学風を創り出すためには、西欧の学問をとりいれ、身につけることが大切であることを、二人は一致して認めた。しかし、西欧の学問に対する日本在来の学問のうち、なにに根をおくかについて、二人は異なっている。また、どのように組合せるかについても、やり方が全くちがった。このことはのちに考える。

南方は二十一歳から三十四歳まで、足掛け十四年間、アメリカとイギリスに暮した。ロンドンの九年間は大英博物館で、十数ヵ国語の文献を渉猟《しょうりょう》筆写した。アメリカ滞在の最後の年は、中南米諸国を曲馬団とともに巡行し、植物を採集した。柳田は、四十七歳の年から四十九歳まで、国際連盟委任統治委員会委員として、ジュネーヴに滞在し、その間にヨーロッパを旅行している。南方ほどではないにしても、柳田もまた青年時代から西欧の文学、民俗学、民俗誌、人類学の新刊書を非常によくよんでいた。西欧近代の学問の影響は、南方においては実生活の面をふくめて、そして柳田の場合は主として読書をとおして、深く浸透していたといってよい。したがって、この二人にとっては、西欧の学問にどのように処するか、が重要な課題であった。

ところが、折口の場合は、年譜を見ると、海を渡る旅行は、沖縄への旅と、台湾への旅だけである。ヨーロッパにいった形跡はない。読書歴をみると、メンジュコフスキーの『背教者じゅりあの――神々の死』と、台湾の『蕃族調査報告』と、フレイザーの『金枝篇』とがあげられているが、『金枝篇』は原書を通読したのではないことを自らのべている。[10] 折口の場合には、南方と柳田の場合に顕著である西欧との格闘がすくなくとも意識されてはいないのである。異質なものとの格闘と組合せが、創造のプロセスに不可欠であると仮定するならば、折口は、なにと格闘したのだろうか。わたしにはまだよくわからない。しかし、谷川健一との対談で、池田弥三郎の語ったことは、この謎をとくために、大切な手がかりを与える。

「**池田**　僕がそう言った〔「折口信夫における幻影古代」〕のは、こういうことなんです。折口学説というのは、すべて折口信夫の胸のうちにあって、向う側ではない。こちら側だけにある築きあげられた古代なのではないか、という感じのことなんです。……

僕は折口信夫の考えていたような「まれびと」は、けっして来やしなかったんじゃないかと思うんです。……

たとえば、節季候《せきぞろ》のようなおとずれびとがある。あかまた、くろまたがくる。花祭の翁もくる。そうしたものをすべて重ねていって、折口信夫のなかに訪れてくる神、あるいはまた、霊魂ですね、そういったものが具体性をおびてきて作られたのが、「まれびと」じゃなかったかと思うんです。そうした蓋然性で「まれびと」の骨格を作りあげ、おとずれびとをそこに配置していったのが折口学説だろう、したがって「まれびと」というものは、折口の胸の中にある幻影なのではないか、ということなんです。……

僕はよく引くんですがね、……「橿原の御代に帰ると思ひしはあらぬ夢にてありけるものを」なんですね。国学者たちが、自分たちの空想のなかにある古代が、あの明治に現前すると思っていて、失望したことを示しているものですね。「橿原の御代」というのは、国学者たちがみた幻影の古代なんですよ。[11]」

池田は、折口信夫の「まれびと論」は、「学説」であって、「詩人の空想」ではないと主張する。しかし、「ただ、折口信夫も、また柳田国男も不満だったろうと思うのは、そういう世界を構築する場合に、現前のフォークロアより、文献の中に眠っている知識を生かさざるをえなかったということでしょうね。つまり古代が迎えにきてしまう。古代の文献が迎えにきてしまうという悩みだったんです。[12]」

池田の解説によっていとぐちがひらけてくる。折口は日本人の神観念の根底にあるものを、「まれびと」という型を創出することによってとらえた。その型の創出への基本的な動機づけは、明治維新によって始まる日本の近代と、それを批判する根としての「幻想の古代」との格闘ということになる。南方と柳田にとっては、西欧対日本（柳田）、西欧対アジア（南方）との格闘として意識されたものが、折口にとっては、自己の中なる日本の古代と外なる近代との葛藤としてとらえられたということになる。そうした居処から、さまざまの具体的な事物および情報の中の共通性をとらえる視点がさだまる。たとえば、日の神の招代《おぎしろ》としての髯籠（ひげこ）、（「髯籠の話」[13]）、まれびとの来往の手段としての石（「石に出で入るもの」[14]）、まれびとの居処としての他界（「古代生活の研究―常世の国―」[15]）、まれびとの機能としての鎮魂（「むすび」）の技術を示す田楽、神楽、能楽、の舞の構造としぐさ（「翁の発生」[16]）などの個別的、具象的な、さまざまのことがらをむすびあわせて、「まれびと論」の体系が創られた。そのすじみちを、池田の「まれびと論の形成」は、見事に解き明かしている。[17]

膨大な古典文献と、折口が自分で歩いて蒐《あつ》めた民俗、民間芸能のデータとから、一つの仮説の体系としての「まれびと論」を形成するときに、その導き手になったのは、折口自身の中にある「古代論理」ではなかったろうか。それは、古代が近代と共時的に自己の中に存在するという感覚である。近代が古代につれそう形だといったらよいのかもしれない。折口は、「日本の演芸の大きな要素をなすものとして、もどき役の意識を重く見たい」といっている。もどくというのは、「演芸史の上では、物まねをする・説明する・代って再説する・説き和らげるなどという」いみだという。翁のもどきは、「翁と共に出て、翁より一間遅れて――これが正しいのだが、今は同時に――文言をやや大きな声でくり返す役の名」である。ときには、もどきの上にどこまでももどきが重なることもある。そして、「古代の演芸には、一つの役毎に、〔すくなくとも〕一つ宛のもどき役を伴う習慣があったからなのです」と折口は、「翁の発生」という論文をむすんでいる。

折口の「まれびと論」は、もどき仕立てではないだろうか。古代人としての翁をシテ方として、近代の人である折口がもどきとしての三番叟《さんばそう》をおどっている。そしてさらに、折口三番叟のすぐれたもどきとして池田弥三郎氏があり、それにもとづいて、わたしが折口三番叟をときあかそうとする。日常言語のうえにメタ言語があり、またそのうえにメタ・メタ言語があるという、抽象段階を限りなく高くしていって日常性から遠ざかってゆく分析哲学のやり方に対して、聖なるもの（翁）ののりとを、黒面の尉《じょう》（三番叟）が、より日常的なことばとしぐさで解きあかし、さらにそれを現代のことばで、現代のもどきがときあかす、という構造は、日常性への回帰の論理ともいうことができる。

話がちょっと外れるが、昨年の暮に、わたしは京都の版画屋で、「うしろ面」という三代目豊国の、めずらしい浮世絵を手に入れた。それは、幇間《ほうかん》が、前におかめ（天鈿女《あめのうづめの》命《みこと》）の面をかぶり、うしろに天照大神《あまてらすおおみかみ》の、かがやかしい面をかぶって、豆しぼりの手拭を頭にのせて、おどっている絵である。躍動するようなこの図柄の示すものは、天鈿女命、じつは天照大神、じつは江戸のたいこもち、という、まったく荒唐無稽《こうとうむけい》とも見える共時性と同一化の論理なのである。しかし、よく考えてみると、天鈿女と天照は女のシャーマンであり、シャーマンはことなるものの間をとりもつという機能をもっている。したがって、たいこもちの役割とぴったり合致する。この古代論理を、一目瞭然とモデル化したのが、この「うしろ面」の図であった。このことは、もどきの論理を理解するための、手がかりとなるように思う。

折口信夫は、わたしにとって、未踏の峯である。これまで近付くことを恐れていた秀峯である。しかし、わたしは、これから登りはじめたい意欲にかられている。というのは、創造性のもんだいを解くためには、「内念」とか「古代論理」とかの構造と働きとを、はっきりさせなければならない。しかし、アリエティの本は、そこのところが、もの足りない。折口峯に、自分の足で登はんをこころみることによって、古代論理の構造とはたらきを生きている姿でとらえることができるかもしれないと思う。アリエティは、古代論理と内念とを、個人を単位とした無意識の面でとらえている。それに対して、折口の古代論理は、折口というすぐれた個性の「古代幻想」であるとしても、それは、集団的無意識の側面を具えているにちがいない。なぜならば、折口の研究対象の中心に、演芸——舞と踊り——があるからである。古代論理は、身体を動かすということ、身体を鍛錬することとむすびついているのではないか。それは、アリストテレスの形式論理学が、身体の動き——労働ときりはなされた貴族社会から生れたことと対照的であるのかもしれない。

折衷型としての「先祖の話」

すでに折口についてあまり長く書きすぎた。柳田および南方については、すでに別のところで論じたことがある。(18) ここでは、創造の型という視点から、簡単な対比をしておきたい。

南方と柳田とは、西欧の学問に対して、「東国の学風」を創出するという、強烈な目的意識があった。しかし、西欧の学問に対する土着の学問については、二人は全くことなる。南方の思想の根は、真言密教であり、柳田のそれは本居宣長および平田篤胤の流れをくむ国学であった。南方にとって西欧に対するのは、アジアであり、柳田にとっては、日本であった。すでにあげた南方の書簡にあるように、南方は、「日本にあるほどのことは外国にもあり、外国にあるほどのことは、日本にもある」という信念をもって、地球的規模の民俗の比較をおこなった。これに対して柳田は、日本のことは日本の学者が、外国のことはそれぞれの国の学者がしらべあげたうえで、ノートを持ちよって比較するのはよい。しかし、柳田の生涯の仕事としては、日本人でなければわからない、日本人の心意現象について、できるかぎり究めておくことだと考えた。一国民俗学の立場である。南方は普遍主義志向、柳田は個別主義志向といえる。南方と柳田とのもう一つの顕著なちがいは、南方の文章はすべて、古今東西の膨大な文献への注が、神経質なまでにゆきとどいてつけられている。論文を書くときの、完璧な手本である。したがって、どこまでが他者からえた情報ないしは他者の見解であって、どこからが南方自身の発見した情報、ないしは創見であるか、まことにはっきりしているのである。つまり、外国の学者をふくむ、他者との対話、ないしは論争の過程で、南方の議論が展開してゆくさまを、読者はありありとみることができる。これに反して、柳田もまた、じつに博覧強記《はくらんきょうき》でありながら、他者からの引用または借用について、痕跡をとどめていない。たとえば、柳田の英文蔵書を丹念にしらべたロナルド・モースは、柳田の民俗学の方法が、ハイネ、バーン、リヴァース、タイラー、フレイザー、ゴムからの影響を色濃くうけていることを、実証的に示した。モースは、とくにゴムの『歴史科学としての民俗学』（一九〇八年）の啓発を重視している[19]。しかし、これに対して、色川大吉は、「柳田の学問を軽々に西欧からの影響などと言うべきではないと思う」、と反論している[20]。こうしたまぎらわしさが生じるのは、柳田自身の文章の書き方によるのである。柳田は、たくさんの外国書をよみ、それらを換骨奪胎《かんこつだったい》して吸収し、どのような書物のどの部分に触発されて自説が展開されたかの、理論展開における格闘と受容の痕跡を全くとどめていないのである。それはまるで、縫い目の見えないパッチワークのようなものである。このような南方と柳田の文体のちがいは、南方を格闘から統合へいたる型、柳田を折衷型、とわたしがよぶことの一つの根拠である。
柳田の学問のもっとも独創的な部分を、第一にわたしは、日本人の神観念を探究し、民間信仰と国家神道がちがうものだということを、はっきりさせたこと、[21]第二に、日本の社会構造と社会変動を解くカギとなる変数として、漂泊と定住という概念を基底に据えたことだと考えている。[22]そのいずれの研究においても、正面衝突を極力回避しながら、異質なものとの併存ないしは組合せを考えるという態度が貫かれている。たとえば、「先祖の話」では、日本人の死後観として、四つの特徴をあげている。

第一には死してもこの国の中に、霊は留まつて遠くへは行かぬと思つたこと、第二には顕幽二界の交通が繁く、単に春秋の定期の祭だけで無しに、何れか一方のみの心ざしによつて、招き招かるゝことがさまで困難で無いやうに思つて居たこと、第三には生人の今はの時の念願が、死後には必ず達成するものと思つて居たことで、是によつて子孫の為に色々の計画を立てたのみか、更に再たび三たび生まれ代つて、同じ事業を続けられるもの ゝ如く、思つた者の多かつたといふのが第四である。[23]

死者と生者との交通と対話が、家を単位として頻繁であると信じられたこと、人間はまた人間に生れ代ってしのこした仕事をしとげると信じられたことは、あきらかに仏教の極楽浄土に往生するという信仰、および六道輪廻《りくどうりんね》の思想とはことなるのである。これがいかにちがった思想であるかを柳田はのべている。そして、「仏法の日本化」(24)という表現はある。しかし、「仏法の日本化」がどのようにおこなわれたかの説明はない。「あ棚経の言葉が陳芬漢で、死者にも生者にもよく通じなかつたので、せめて気まずい思ひをすることが少なかつたからよいが……」ということで終っている。柳田は、仏教と祖先信仰とが、矛盾するものであることを指摘はしているが、そのことを、徹底的に追究することはなかった。仏教と祖先信仰とが、原則的に矛盾しながら、仏教が祖先信仰をむしろ強化する手段として使われたことを述べ、それ以上追究しないのである。

国家神道と民間信仰との関係についても、おなじようなことがいえる。柳田が、祖霊としての日本の神を語るとき、それはもともと家の神――氏神――とむすびついている。常民《じょうみん》のそれぞれの家の神は、かんたんに支配者の家の神とはむすびつかないことに固執するために、とくに各家の祖霊を基点として日本の民間信仰をのべたのではないか。天皇家の祖霊もまた、その家族にとっての祖霊である。したがって相互に、侵されず、併存できるということになる。

神社合祀《ごうし》令は、小さい村々のうぶすな社やさまざまの小祠《しょうし》を合併したり取りこわしたりして、国家神道に系列化する政策であった。これをまっこうから批判し反対した南方熊楠の反対意見書を、柳田は自費をもって印刷し、有力者に配布して、神社合祀反対運動に、かげから協力した。しかし、南方が、外国に檄をとばして神社合祀に反対しようとしたとき、柳田はこれを極力思いとどまらせた。徹底して対立を恐れぬ南方の精神に対して、柳田は、正面衝突を極力回避して折衷するという態度が、このことをめぐってはっきりあらわれている。異質なもの、対立するものを、それぞれきりはなして、多様なものを併存させるところに、柳田の創造の秘儀がある。

統合型としての南方曼陀羅

南方熊楠は微生物学者（とくに粘菌《ねんきん》研究者）であり、同時に民俗学者であった。民俗をそれぞれの地域の自然生態系に関連づけてとらえ、地球的規模で民俗の比較をおこなった。その研究領域は、生物学、植物学、動物学、心理学、人類学、民俗誌、民俗学、論理学、哲学、宗教学等に相渉《あいわた》った。一方では、十九世紀末から二十世紀初頭のヨーロッパの学問を独学で身につけた。他方幼児から和漢の古典を読破し、書き写すことが習癖となっていた。父母の感化で真言密教の教えが深く心にあり、十九年の外国生活のあいだ、キリスト教について、学びはしたが、帰依することはなかった。こうしたさまざまの学問と影響とを、相互に激しくたたかわせあいながら、南方独自の世界観と方法論とを築いた。それを、わたしは南方曼陀羅《まんだら》とよぶ。

十九世紀の西欧近代科学の基本原理は、因果律であった。「ある結果があれば必ず原因がある。」「同じ原因があれば必ず同じ結果を生じる。」それは必然論である。南方は、因果律の原理をもって、仏教の因縁を解釈した。仏教の因は、西欧科学の因果律と同義である。そして縁とは、因果律の一つの系列とが、偶然にであうことである。そのことによって、二つの系列の双方あるいは一方の、その後の成行に影響を与えることがある。仏教は、因縁を説くことによって、必然と偶然とを、一つのシステムの中に包摂した。仏教の原理をこのように解釈し直せば、近代科学の原理――必然性のみを追求する――よりも、より複雑な事象を解明することができ、したがってそれは、より高度な科学だということができる、と南方は論破した。このことを絵図に描いたのが、「南方曼陀羅」である。それは、大日如来を中心に据える、真言密教の曼陀羅を、西欧科学の論理と方法論をもって、読み替え、組み替えたものだといってよい。それは、南方における、土着的なものと、西欧の学問との、葛藤の所産として生み出された、新しい統合の形態であって、南方の世界観を示すと同時に、南方の地球的規模での比較民俗の方法論のモデルでもある。[25]

「南方曼陀羅」の図と説明は、真言宗のすぐれた学僧土宜法竜《どきほうりゅう》宛書簡の中に示されているものであって、論文として書かれたものではない。これをより単純で明確なモデルに完成する必要はある。すくなくともこれは、モデルのデッサンともいうべきものである。しかし、実際にこの「曼陀羅の妙法」（これは南方自身のことばである）を使って、『十二支考』[26]、「燕石《えんせき》考」[27]、「邪視について」[28]、「神跡考」[29]などの比較研究がおこなわれた。「燕石考」を謬見《びゅうけん》論、「邪視について」を社会階層論、「神跡考」を巨人（指導者）崇拝論として位置づけることができる。日本の事例をふくめて、地球上のさまざまな社会および地域の同様の事例と比較対照することによって、人間一般の普遍的性向を究明しようとした、独創的な比較論である。

　西欧の近代科学は普遍を志向するが、それだけでは普遍に到達することはできない。古代アジアの宗教である大乗仏教のもつ古代論理と、西欧近代科学の原理とが、統合されることによって、より普遍的な人間の探究にすすむことができるのではないか。それが南方曼陀羅の語りかける啓示であるように思われる。

注

(1) KAZUKO TSURUMI,"Creativity of the Japanese—Yanagita Kunio and Minakata Kumagusu", Research Papers, Series A-39, Institute of International Relations, Sophia University, 1980.

(2) 南方と柳田と折口とを、三つのタイプとして捉えるという考えは、一九八二年四月十一日、鶴見俊輔との会話から示唆をえた。

(3) Vernon, P. E., ed., *Creativity*, Penguin Books, 1970, p.12.

(4) Arieti, Silvano, *Creativity: A Magic Synthesis*, Basic Books, 1976, pp.62, 67, 74-76.

(5) *Ibid.*, pp.215-217.

(6) ポアンカレー著、吉田洋一訳『科学と方法』、岩波書店、一九八一、五六〜五八ページ。

(7) *Ibid.*, pp.268-273.

(8) 緊張処理の型として、わたしは四つの型を設定した。(独占型、競争型、統合型、多重構造型) 第一の対決から統合にいたる創造のプロセスは、統合型に、対決を極力回避する第三の折衷型は、多重構造型に対応する。これらのパターンの説明については、鶴見和子『好奇心と日本人——多重構造社会の理論』、講談社現代新書、一九七二年、一一四—一三六ページ参照。第二の内念・古代論理優勢型は、これまで考えていなかった新型である。

(9) 飯田照平編『柳田国男　南方熊楠　往復書簡集』、平凡社、一九七六年。一七七、一七九、一九三ページ。

(10) 池田弥三郎『折口信夫』、日本民俗文化体系2、講談社、一九七八年、四六—四七ページ。

(11) 池田弥三郎、谷川健一、『柳田国男と折口信夫』、思索社、一九八〇年、九六—一〇〇ページ。

(12) 同右、一〇四ページ。
(13) (原典)、池田、前掲より引用、一五八―一八三ページ。
(14) (原典)、同右、二〇七―二四六ページ。
(15) (原典)、同右、二七八―三〇〇ページ。
(16) (原典)、同右、三九八―四三七ページ。
(17) 同右、第三章、一四三―四三七ページ。
(18) 鶴見和子『漂泊と定住と―柳田国男の社会変動論』、筑摩書房、一九七七年。鶴見和子『南方熊楠――地球志向の比較学』、日本民俗文化体系4、講談社、一九七八年。講談社学術文庫、一九八一年。
(19) ロナルド・A・モース『近代化への挑戦――柳田国男の遺産』、日本放送出版協会、一九七七年、一五九―一七一ページ。
(20) 色川大吉『柳田国男』、日本民俗文化体系1、講談社、一九七八年、四四ページ。
(21) KAZUKO TSURUMI, "Aspects of Endogenous Development in Modern Japan: Part II Religious Beliefs: State Shintoism vs. Folk Belief", Research Papers A-37, Institute of International Relations, Sophia University, 1979.
(22) 「漂泊と定住と――柳田国男のみた自然と社会とのむすび目」、鶴見『漂泊と定住と』、前掲所収。
(23) 柳田国男「先祖の話」、『定本柳田国男集』、第十巻、筑摩書房、一九六二年、一二〇ページ。
(24) 同右、一一八ページ。
(25) 詳しくは、『南方熊楠全集』第七巻、平凡社、一九七一年、三六五―三六六ページ及び鶴見『南方熊楠』、八一―八八ページ参照。
(26) 鶴見『南方熊楠』、一七四―一九〇ページ。
(27) 同右、九二―一〇六ページ。
(28) 同右、一九〇―一九六ページ。
(29) 同右、五三―五八ページ。

三　(1)　創造の型としての柳田国男

柳田国男の仕事の中に隠されているもの

けさほどの桑原武夫先生のお話を伺っておりまして、私はたいへんに挑発されました。いろいろ言いたいことが心の中にわき上がってまいりました。それで私は「創造の型としての柳田国男」という話を、少し離れましてこの先の話をしたいと思います。

私は最初、柳田先生のお仕事に病みつきまして、社会変動論としての先生のお仕事を理論化してみたいと考えてやっていた時代がございます。それから、のちに南方熊楠について本を書くことになり、一生懸命勉強して南方についていちおう自分なりの仕方でまとめてみたのです。

そうして、南方のほうから柳田を見ますと、いままで柳田とアメリカ社会学とを突き合わせて見ていたもの以外のものが見えてきました。それで、これは日本人のもっている二つの異なる創造性の型——私はタイプという言葉もパターンという言葉も嫌いで、舞とか踊りとかの型というととても日本語としておさまると思います——ではないかと考えてみました。

ところが最近になりまして、弟の鶴見俊輔と話しておりますときに、弟が、いや、折口信夫もおいて考えなければ柳田はわからないと、こう言ったのです。それから谷川健一先生や池田弥三郎先生のお書きになりましたものを通して折口を読んでみたのです。そうしますと、南方から柳田を見ていたときとはまたちがうものが折口から柳田を見ることによって見えてきました。

このことは「日本人の創造性——折口信夫・柳田国男・南方熊楠」に書きましたので、省略いたします。

私は、谷川健一先生はもっともすぐれた南方論をされた方だと思いますが、その谷川先生が南方について、「柳田国男は、日本人は何かという問いに答えを出した。それに対して南方は、人間とは何かという問いに参入した」と言われております。私はそれを読んで、たいへんに感心したのです。そして、今度は折口と柳田と南方と、この三人を並べてみますと、いくらかちがう角度から見られるのではないかと考えるようになりました。

それは、折口は、日本人の集団的無意識、つまり古代日本人というものを探り、ある一つのかたちを与えたと思うのです。それに対して南方は、人類の集団的無意識に参入しようとした。それでは柳田はどこに位置づけることができるかといいますと、折口はすごい天才で、南方もまた全然ちがった意味での天才ですが、この二人はまったく相容れず、双極構造をなしており、そのまったく相容れないものをとり結ぶ役割を柳田は果たしているのではないか。

とすれば、柳田学という言葉が熟した言葉かどうかわかりませんけれども、柳田の仕事の中に隠されているものがあるのではないか。つまり、日本人の集団的無意識と人類の集団的無意識とをとり結ぶ、失われた輪が柳田国男のあの膨大な仕事の中に隠されているのではないかと私は考えます。

著作の中にみる自然生態系の問題

そのことにつきまして、二つのことを申し上げたいと思います。一つは生態系問題です。これは先ほど桑原先生が、学問と科学というひじょうに大きな問題を出してくださいました。学問は生物学に根ざし、科学は数学をモデルとすると、おっしゃいました。生物学にも、数学をモデルとするようなものもいま出てきておりますが、先生のおっしゃった意味はそれとはちがい、生物そのものということではないかと私は解釈いたします。そうしますと、柳田の仕事の中には科学を包み込むような高次の意味での学問があるのではないか、科学というのは、その一部になっているということではないかと思うのです。

ひじょうに感覚的に申し上げますと、私はアメリカの社会学を学んできましたが、さまざまあるアメリカの社会学の中で、いま主流をなしているコンピュータ・サイエンスに基づく社会学や、あるいは、一般理論だけをやっているパーソンズ流の理論体系を読みましても、あまり創造性への刺激を受けません。これはこういうことかと思って理解する程度です。

ところが、柳田国男の著作を読んでいますと、何かわき上がるものがある。かたちの定まらないもやもやした、何かわき立つような思い――「内念」が出てきて、それが何か新しい考えの糸口になり、原動力になる。そういうものがたくさんあります。

それで、きょうはその中の一つを取り出し、柳田さんのお仕事の中にこれからの学問の基礎になるものがあることをまず申し上げたいと思います。それはエコロジー、自然生態学に基づいた人間の学問の基礎があるということです。

日本とヨーロッパを結ぶ普遍的な出会いの場

桑原先生は柳田さんにしろ、多くのすぐれた日本の学者はひじょうに多くの西欧の学問を隠し味にしてきたことを忘れないようにと言われました。そこで二番めに私はヨーロッパの学問と柳田国男の学問との関係を、少しちがった角度からお話ししたいと思います。ヨーロッパの学問はいま新しい方向を探りつつありますが、とくに私は二つのこと、一つは論理学の問題、もう一つは歴史の問題をあげたいと思います。

結論を先に申し上げますと、こういうことなのです。柳田さんは、日本人は何かということを探って、一国民俗学、つまり外国のことは外国の民俗学者にまかせればいい、自分は日本人なのだから日本のことをやっていけばいつかはお互いにノートを比べ合う日がくるであろう、そのときにはじめて民俗学は比較民俗学になるのであって、それまでは自分は日本のことを掘りつづけると言われました。それは、たいへん謙虚な、あるいは桑原流にいえば慎重な態度であったと思います。

しかしよく考えてみますと、この中に普遍が含まれているのではないか。いままでわれわれが頭の中に描いていたヨーロッパ像は、ひじょうに偏っていたのではないか。もっとちがったものを含むものとしてヨーロッパを見ると、柳田の言った日本というものもヨーロッパとつき合わせて見ることができるのではないか。つまりヨーロッパがより普遍的になることによって、われわれも同時にもっと普遍的になることができるという、その普遍性における出会いの場があるのではないか。

柳田における循環構造とエコロジーの問題

まず最初の、エコロジーに基づく学問の問題については、柳田さんの仕事の中から社会変動の基本的な変数を取り出すとしたら、それは漂泊と定住との問題ではないかということを以前、『柳田国男の社会変動論』の中で、私は言ったことがあります。これは桜井徳太郎さんのお仕事に基づいておりますが、桜井さんは「ハレ」と「ケ」、その真ん中に「ケガレ」を置き、「ケ」と「ケガレ」と「ハレ」の循環構造というふうに読み替えて解釈されました。

私は、柳田は常民《じょうみん》の一つの主要な条件として定住者——ある一定の土地に先祖代々定住している人という意味で農民や漁民ということになりますが——ということを考えたと思います。だからこそ『山人』や『山の人生』『毛坊主考《けぼうず》』それから先ほど桑原先生が引用なさいました「遊行《ゆぎよう》の女婦」などの初期の作品で、遊行して歩く巫女《みこ》やさまざまな宗教を携えて村から村へ歩く人、技術者などの人たちのことをたくさん書いています。

漂泊者というのは定住者に対置する人びとだと私は考えております。それは差別の問題につながってまいりますから、その意味で、私は柳田は差別の問題を扱ったと思うのです。

定住者は、一つのところに定住しているケガレが出ます。毎日同じ場所で働いていると、ケ、つまり活力がかれてくる。考え方もマンネリズムになって、ものごとへの変革の意欲を失っていく。ところが、そこに漂泊者がやってきて、先ほど桑原先生が遊行の女のもっとも大きな働きは情報の伝達であるとおっしゃいましたが、外から新しい情報を伝える。新知識を携えて巫女《みこ》さんや行者の人たち、物売りの商人、技術者、猿回しや万歳がやってくる。乞食《こじき》もやはり情報を携えてやってくる。祭りのときになると、神々もまた漂泊の旅からその土地へやってくる。そうして漂泊者と定住者が出会うのが祭りの構造だと思います。

ハレの祭りをすることによって、かれているケが復活し、働く活力になる、というかたちで柳田はこのケとケガレとハレの循環構造を考えた。これは人間の集団としては、定住者と漂泊者と、それから定住者が一時漂泊にいく旅人としての一時漂泊者との交流の構造と考えられます。

その人たちの出会いと循環の構造が、生きていくための活力の復活のために必要であると同時に、社会変革の運動はこのような循環構造として考えられるのではないかというのが、私の社会変動論の一つのポイントでした。それを今度はエコロジーでも同じようなことが言えるのではないかということに最近気がついたのです。

生態系の循環構造における人間の学問の基礎

物理学者の槌田敦さんの開放定常系の理論や、経済学者の玉野井芳郎さんの「エコロジーとエコノミー」という考えと、それから、これも経済学者の室田武さんの「水土論」によりますと、生態系が存続するためには、水がひじょうに大事だということです。

生物代謝によって生じる廃熱を土の表面から空中へ放熱し、そしてさらに大気圏外に放出するのが水の循環だということです。水は、土や空気のケガレをぬぐう雑巾の役割をするのだと槌田さんは説明しています。

つまり水は、海とか川とか水蒸気とか、さまざまなかたちで循環している。土は循環できないわけです。水は気体になって上昇し、雨や雪になって降りてくる。地球は、大気圏外に向かって開かれた系であり、土と水と人間を含む生物との循環構造がある。もし、地球が閉ざされた系であったとすると、エントロピー増大の法則によって、すでに崩壊していたかもしれない。地球が開かれた系であり、同時に、水循環があるおかげで、エントロピー（ケガレ）を逓減《ていげん》する構造をもっているからこそ、人間がここまで生きてこられたのだ、という構図を、槌田さんが考えられたのです。

簡単にいうと、これが開放定常系の理論のもとになる考えです。それを玉野井さんや室田さんが経済学の問題として受けとめ、エントロピー理論に基づいた新しい経済学を打ち立てようとされています。このエントロピー理論に基づいて経済学を再構築していくという創造的な仕事は、日本だけではなくて、ヨーロッパにも出ているということです。

そうしますと、柳田が考えたケとケガレとハレの循環構造に対応して起こる定住者と漂泊者との循環構造と、自然生態系の中で行われている水と土と人間との循環構造は、重なり合うのではないか。柳田さんがそういうふうに考えたかどうかは別ですが、柳田さんは自然の移り変わりということをよく書いておられますし、また、その自然の移り変わりと人間の移り変わりとのひじょうにうまい結びつきが人間の文化であると書いておられますので、このような生態系の循環構造における人間の学問の基礎を柳田国男はもっているということができると思います。

イヴァン・イリイチの論文と柳田国男の常民論

次にヨーロッパと日本とのことについて申しますと、いま日本人論がたいへん盛んですが、日本人とヨーロッパ人についての議論はひじょうに大ざっぱです。それに対して、ヨーロッパからはとても面白い議論が出ています。たとえば最近二回来日したイヴァン・イリイチというオーストリア出身のカトリック神父は、たいへん面白いことを書いています。

これは「ヴァナキュラ・ヴァリュウズ」という論文ですが、この論文を見ますと、柳田国男の常民論そっくりだという感じがします。たとえば、こういうことを言っています。コロンブスがイサベラ女王から援助を受けて、スペインから航海に出かけたことは世界の歴史家がみんな知っているが、ちょうどその十五日あとに起きた出来事はスペイン以外の国では忘れられてしまった。それをもう一度考えてみようというのです。

何が起こったかといいますと、一四九二年八月十八日に、ネブリハというスペインの文法学者が同じイサベラ女王にスペインの文法書を提出した。これがひじょうに大事なことなのです。なぜかといいますと、コロンブスの探検隊は、最初、中国やインドへ行こうとしてアメリカ大陸を発見し、それがヨーロッパの世界制覇という帝国主義に結びつくわけですが、それにきわめて大きな貢献をしたのがネブリハの文法書だからです。そして、その文法書によるスペイン語の教育が学校を通してなされるようになり、それまでのヴァナキュラ・ランゲージ（土着語）というものが全部抑圧されたのです。

それまでは地方地方にそれぞれ言葉すなわち柳田先生がいつもおっしゃっていた地方語、つまり方言があり、家庭の中で個人的に親が教えたり、あるいは村の人びとが教えていたのですが、標準語をしゃべらなければいけないという法律をつくって、それを画一化して方言を全部抑圧した。この外国に対する世界制覇と、国内的な小さいもの、つまり柳田さんの言葉でいえば常民文化の圧殺、これは明治のときに起こったこととまったく同じなのですが、それらが同時並行的に起こったのがヨーロッパ近代であったととらえる。

そのことによって今度は中世がどのようにとらえられるかというと、ヨーロッパの近代がもっているものがヨーロッパ文化だと思われているけれども、ヨーロッパの中世にはもっとちがう文化のかたちがあったのだという。そして女の問題や家族の問題、それから科学の問題、テクノロジーの問題というふうに、追究していく。そうしますと、イヴァン・イリイチが掘り起こそうとしているヨーロッパ中世と、柳田国男が掘り起こそうとした日本の常民文化とは、もちろん地域がちがいますからまったく同じではありませんが、しかし、かなり重なり合うものがあります。

したがって、こういうふうに言えるのではないでしょうか。つまり、ヨーロッパのいろいろなところにあってヨーロッパ近代が圧しつぶしてしまったものが、日本では殺そうとしても殺そうとしても雑草のごとく出てきて、そして民俗学の対象になっているのであって、日本特有とかという前に、ヨーロッパの近代以前のものと、私たちの近代以前と、そしていままでもまだ自分たちがいくらか持っているものとをつき合わせていけば、もっと個別性から普遍性への道が開けるのではないかということなのです。

ヨーロッパ人が新しく考えているぼかし模様のロジック

最後に論理学の問題を申し上げて終わりたいと思いますが、論理学の問題はひじょうに面倒です。桑原先生が柳田国男の文体論をだれかしっかりやったほうがいいとおっしゃいましたが、たしか橋本峰雄さんが柳田の文体をぼかし模様というふうにいわれたと思います。その茫洋《ぼうよう》として、しかも目をパッチリ開かせるようなところがあるという、これはどういうロジックであろうかということです。私はこの論理学の問題をこれからもっとつき詰めていきたいと思います。これは柳田国男と南方熊楠との対比の問題になってまいります。

私たちは、アリストテレスの形式論理学とデカルトの明晰《めいせき》にして判明なる概念に基づいた論理学および認識論を西欧的な論理学と考えてきました。そして、柳田のような異なるもの、矛盾するものを継ぎ合わせて、間をぼかして両立しないものでも両立するように包容してしまう、アリストテレスの論理学の矛盾律を欠いた文体や、真ん中はないというふうにはしないで、ああでもない、こうでもないという、排中律《はいちゅうりつ》を無視する文体は論理的でないと私たちは言ってきました。しかしこれは間違いではないかということがいわれ出したのです。

これは最近、理論物理学者で、上智大学の学長である柳瀬睦男神父が、私たちの研究会で発表された「ファズイ・ロジック」というもので、アリストテレスの排中律を排する新しいロジックをいまヨーロッパやアメリカの学者が考えているというのです。

新しい論理学としての「ファズイ・ロジック」のファズイというのは、日本語になんと訳していいかわからないので、あいまい理論と訳する場合もありますけれども、あいまいというとアンビギュイティでまたちがう言葉になります。ファズイというのは、AとBとの間がボヤボヤしている、つまりぼかし模様なのです。まさにぼかし模様のロジックなのです。そういうものが新しいロジックとして、いまアメリカのシステム・エンジニアリングの学者ザデーが提唱しているということです。（柳瀬睦男、『現代物理学と新しい世界像』、岩波現代選書、一九八四年、八二―一〇〇ページ参照）

ヨーロッパとアジアとのもう一つの出会いの道

それからもうひとつは、柳瀬学長は神父さまでもありますから神学の話なのですけれども、時間の問題です。時間というのは永遠か、限定された時間かで、そのあいだはないというのがヨーロッパ人の確固とした時間観念だと私たちは思っておりますが、そうではない。ヨーロッパ人がずうっとそう考えてきたわけではなく、ヨーロッパ中世には「エヴム」という概念があったと、柳瀬神父が指摘しておられるのです。

それによりますと、私たち人間は限定された時間の中に住み、神は永遠の中に住んでいるけれども、天使はどこに住むのだろうかということが中世期には論争になったそうです。そして中世の教会で、天使が住むところがなければならないというので、「エヴム」という場を設定したのだそうです。つまり時間と永遠とのあいだが「エヴム」であると。これもまたファズイ・ロジックなのですね。時間と永遠とを二律背反にしないで、そのあいまにぼかされた霞の地帯をつくる。そうした考えがヨーロッパ中世にはあったというのです。そして近代科学によって否定されたこの考えを復権することが大事だとおっしゃっています。（同右、一一六―一二五ページ参照）

わたしたちにとって希望があるのは、ヨーロッパでは強力な力によって、こういう中世のヴァナキュラな考え、それからいまのエヴムの概念が否定されたけれども、日本やその他のアジアの社会では、強力な宗教的な弾圧によって、そういう考えが完全に圧殺されないで、まだ私たちの心の中に息づいているということです。

それから、もしヨーロッパがその前近代の考え方の中で今日に生かされるものを復権するならば、ここでヨーロッパとアジアとの思想的なもう一つの出会いの道が可能ではないか。その出会いの可能性をもっとも顕著に体現するものとして、私は柳田国男先生のお仕事を日本における創造的な仕事として考えたいと思います。

三 (2) 橋川さんの柳田国男論

橋川文三さんの「柳田国男――その人間と思想」（一九六四年）が、柳田国男評伝として、もっとも早く出て、もっともまとまっていて、そしてもっとも洞察力にすぐれた作品であることは、定説である。出版後すでに二十年を経た今でも、柳田国男を論じるものは、この作品を避けて通ることはできない。わたしも、この作品から教えられたひとりである。

この論文について、橋川さんは、「初めからその〔柳田の仕事〕世界性の立証という課題を負わされてしまった」、と書いておられる。（『近代日本政治思想の諸相』、未来社、一九六八年「あとがき」）ところが、この論文が、後続の柳田論へのたえざる啓発になっているのは、「世界性の立証」よりもむしろ、柳田の感受性と学問との深いつながりを橋川さんの感受性が、深く洞察したところにある。柳田の少年期の体験と学問とのかかわり、そして、青年期の新体詩や和歌とその後の学問的業績とのつながりを描いたところが、この論文のもっとも魅力的なところである。

この論文の中で、「M・ウェーバーとの対比をもち出したのは、いくらか窮余の策という感じ」（同上「あとがき」）といっておられる。比較宗教学ということからの対比でいえば、むしろデュルケームのほうが、柳田の立場に近かったのではなかろうか。ウェーバーのほうは、小さきカミガミをきりすててゆくほうの神の合理性に視座があり、柳田は、きりすてられた小さきカミガミのゆくえに心をひそめたのであったから。そのいみでは、ハイネの『諸神流竄《りゅうざん》記』と柳田の「石神問答」との対応にふれられているところにわたしは示唆をうけた。

橋川さんのもう一つのまとまった柳田論は、「保守主義と転向——柳田国男・白鳥義千代」（『共同研究・転向』下、平凡社、一九六二年）である。ここでは、柳田国男を日本における「最も純粋な保守主義を代表する」思想家として位置づけている。そして、柳田の民俗学のカギ概念である「常民《じょうみん》」は、「すべての制度を超え、時間的規定性を越えた原初的理念であった。……したがって、体制の大変動によってなんらの「転向を必要としなかったのである。」そして、柳田の仕事の上でも、「転向」がなかったと結論づけている。しかし、柳田の「転向」については、たとえば、有泉貞夫氏の「柳田国男考——祖先崇拝と差別――」（『展望』一九七二年）が「転向」があったという説をたてた。そして、民俗学に出発した初期の柳田は、被差別部落に関心をもったが、のちに祖先崇拝＝家永続の願いに視点を移したのは、差別のもんだいを追求していくと、天皇制のもんだいにつきあたることを避けたためではないかと論じた。漂泊者への関心から定住者（＝常民）への関心の移行が、「転向」につながるという議論である。このことについては、今となってはもうおそいのだが、橋川さんと話がしてみたいなあという気がする。

さいごに、わたしが大へんおもしろいと思ったのは、「魯迅と柳田国男」（『魯迅選集』月報・岩波書店・一九六四年）という小論である。魯迅と柳田との共通点は、橋川さんによれば、「いずれもが、もっとも暗黒なアジアの深部にその思想を託していること、いずれもが表面の解りやすさとは全くかかわりない、ある謎の印象をよびおこすこと」だといっている。しかし二人の決定的なちがいは、「アジアの後れは、それ自体としてかえって光りと智恵の源泉に転化しうるという〔柳田の〕楽天的構想」に対して、魯迅の絶望の暗さである。魯迅も、柳田とおなじように、「古今の人間の歴史を文字の外に読んだ。」ところが、魯迅が「見た行間の文字は『喫人』の二字であった。しかし『狂人日記』も『阿Q正伝』も、柳田には書けなかった。」柳田には、人が人を食う、ということの意味がわからなかったのである。「帝国主義」とか「搾取」というような概念で書かれた歴史を、柳田は信じなかった。それはよい。しかし「そのために、彼〔柳田〕は、現実の『喫人』をさえ、実証されないものとみなした気味がある」と橋川さんは評している。柳田が上海で孫文にあっていながら、孫文について「古風な豪傑タイプの人間」としか語っていないことを、橋川さんはふしぎがっている。そして、さいごのことばを、つぎのようにしめくくっている。

「柳田があれほど深く広い歴史の知識をもちながら、ついに魯迅の沈痛、強烈な歴史観をもちえなかったことが、かえって私には謎である。柳田が浅いというふうに私はいいたくない。かえって柳田のその浅さの含む深い意味に謎を感ずるのである。そしてそれを日本の謎であるといってもよいと思う。
だから、再び図式的にいえば、魯迅の謎は、柳田の謎を通ることによって、解かれるかもしれず、その逆もまた正しいのではないかと思っている。」

短いけれど、魯迅と柳田との比較のほうが、M・ウェーバーと柳田との比較よりも、すくなくとも、ひらめきがある。それは、もしかしたら、一つは論文であり、一つは月報の短文であるという脈絡のちがいであるせいかもしれない。そして、もしかしたら、橋川さん自身の資質に、ウェーバーよりも魯迅のほうが、親近性があるということかもしれない。「柳田の謎」によって「魯迅の謎」をとき、「魯迅の謎」によって「柳田の謎」をとくという仕事は、今となっては、生きているわたしたちに課された重荷であろう。それは、日中近代化の比較というより広い問題につながる。竹内好中文教室の同学として継承しなければならない重荷である。

四　(1)　創造の方法としての南方曼陀羅

「南方曼陀羅」という呼び方

今日のテーマは「南方曼陀羅《まんだら》」ということなんですが、このように書きますと、南方《なんぽう》曼陀羅と読めてしまうんですね。そのため、南の方から来た曼陀羅のことかと思われる方もいらっしゃるのではないかと思うんです。と申しますのも、私が『南方熊楠』という本を書いたとき、「『ナンポウユウナン』ですか」ときかれました。そんなわけで、南方熊楠《みなかたくまぐす》という人は、その名前さえもあまりよく知られていないことがわかりました。私はこの南方熊楠という非常に不思議な人物に取り憑かれまして、南方について何か話してほしいと頼まれれば、何を措いても駆けつけるという心境でしたので、本日もお引き受けしてしまったようなわけです。

さて、今日お話しする「南方曼陀羅」は、私がこれからずっと勉強していきたいと考えていることがらなんです。私にとってはこれからの課題です。今日は、私が以前『南方熊楠――地球志向の比較学』（「日本民俗文化大系・4」一九七八年、講談社）に思いつくままに書いたこと、そしてそれ以降私が考えたことを中心にお話しし、皆様からもいろいろお教えをいただきたいと思います。この本に「南方曼陀羅」の図（図1）が出ていますが、南方熊楠がそう呼んだわけではありません。じつは私が南方について書いていたときに、たまたま中村元先生に私の自宅にお出でいただく機会がありまして、その折に「今こういうことをやっているんですが、先生はこれについてどうお考えになりますか」と伺って、『南方熊楠全集』（第七巻、平凡社）にある「土宜《どき》法竜《ほうりゅう》宛書簡」の中の図版（図1）をお見せしたところ、即座に「これは南方曼陀羅ですね」とおっしゃられたんです。それで中村先生に「南方熊楠をお読みになったことはありますか」と伺うと、「一向に読んだことはございません」と言われました。中村先生というのは本当に直観の鋭い方なんですね。南方熊楠を読んだことがなくても、これを見て即座に曼陀羅だといわれたところが大変面白いと思いました。[1] そのようなわけで、この図を「南方曼陀羅」と中村先生に命名していただき、そう名づけることにいたしましたら、いろいろなことが見えてくるようになりました。

私はまずこれを、南方の方法論におけるモデルであると考えることにしました。モデルということの意味は、一つの理論の基本となる命題を図示したもの、すぐにわかるように絵で描いたもの、ということです。そしてこれのもとには、大日如来《だいにちにょらい》を中心とした真言曼陀羅がまずあり、それから南方の考えついた曼陀羅が出てきたと考えたのです。そういったことを『南方熊楠』に書きましたところ、様々な方から面白い批評や感想をいただきました。その中で私が、これは大変なことを言われちゃったと感じましたのは、山田慶児さんの「この図柄を曼陀羅として、しかもモデルとして解いた、曼陀羅からモデルへという視点は大変面白い。しかしこれはモデルではない」という指摘でした。どういうことなのかといいますと、山田さんはこの図版が大変面白いので、拡大鏡を使って仔細にご覧になったそうなんです。ところがそれでもよくわからない。もちろん肉眼で見てもよくわからない。モデルというのは元来、深遠な理論を眼で見て一目瞭然にわからせるものなのだから、パッと見てわからないものはモデルではないというわけなんです。だから、たまたまこの本では、真言曼陀羅と南方曼陀羅との下が空いていますから、このスペースに私の曼陀羅のモデルを書き入れなさい。そのモデルは、一目瞭然で幾何学的に美しいものでなければいけない、という大変鋭いご批判をいただいたわけなんです。そこで私は、どうしたら美しいモデルになるかといろいろ考えました。真言曼陀羅も、究極的には非常に簡単な幾何学的構図になるそうなんですが、「南方曼陀羅」の場合は、あまり簡略化してしまうと、南方の方法論と違ってきてしまうのではないかという気がして、現在悩んでいるところなんです。

曼陀羅の意味と由来

そろそろ本論に入らせていただきたいと思いますが、その前に、これからの話の進め方について、申し上げておきたいと思います。第一に、曼陀羅の元来の意味について、一応考えておく必要があると思います。次に、南方のテキストの中で、曼陀羅という言葉がどのように使われているかという文脈内の説明をしたいと思います。そして次に、南方の学問の方法としての、「南方曼陀羅」の意味について考えたいと思います。この点が今日の話の中での一番の重点なんですが、そこに到るまでにやはり、いくつかの過程が必要であろうと思われるのです。

第一に、曼陀羅のもともとの意味。私自身、仏教学を学んだわけではないので、うけうりの知識しか持ち合わせておりませんが、簡単に説明させていただきます。曼陀羅は一般的には、「宇宙の真実の姿を、自己の哲学に従って立体または平面によって表現したもの」と言われています。ここで重要なのは「自己の哲学に従って」という点で、主体性を強調していることだと思うんです。また真言曼陀羅とは、真言の教主である「大日如来を中心として、諸仏、菩薩、明王、天を図式的にしめしたもの」[2]です。

曼陀羅という言葉の語源は「築かれた壇」ということであって、古代インドでは土の壇を築いてその上に神を招く儀式が行なわれていたといわれています。私はそれまで素人考えで、曼陀羅とは仏教の言葉だと考えていたんですが、それがそうではなくて、非仏教と仏教との習合としての曼陀羅であったわけで、この点は非常に重要だと思いました。つまり、仏教以前からあった呪術的な手法を仏教にとり入れて、土の壇の上に諸仏、諸菩薩が集会するということを考えたわけです。仏教以前の原始宗教において、最初は呪術的に行なわれていたものが、七世紀の大日経において仏教の中に取り入れられ、土の壇を築いてその上に曼陀羅諸尊を配置する作法が詳細に規定されるようになったそうです。[3]ここで面白いのは、その儀式が終わると土の壇の曼陀羅は取り壊されて、また新しいものを作り直すということなんです。これは、神を集めて呼ぶという日本の祭りの儀式に似ていますね。さらにこの壇というのが、神仏の集まる場であったということ、つまり曼陀羅とは場であったという点も、非常に大事であると思います。

また、曼陀羅（mandala）というサンスクリット語は、形容詞として用いられる場合には「円い」という意味になるそうです。[4] ですから曼陀羅の絵はみな正方形の中に円が入っていますし、全体が円形もしくは円形が立体化された球形になっています。この円いということは、四角いものをどんどん積み重ねていくと丸になるとか、四角いものの角をどんどん取っていくと丸くなるというわけで、最終的には丸くなるということなんですね。この円いということが、形態上の大きな特徴なんです。

もうひとつ、サンスクリット語の曼陀羅（mandala）は、「本質」を表わしています。語源的には、牛乳を煮てかき混ぜると、バタのようなものができ、そのうち上の方に、一番芳醇ないいものが集まったものができてくる。それが曼陀羅であるということなんだそうです。[5] ここでも、壇の上と同様に、「集まる」という点について、後でまた考えてみたいと思います。

さて、何故曼陀羅というものが出来たのかについてですが、曼陀羅には胎蔵界《たいぞうかい》曼陀羅と金剛界《こんごうかい》曼陀羅があります。胎蔵界曼陀羅は、これまでの胎蔵経の仏、菩薩のみならず、ヒンズー教の様々な神々を包摂したものです。[6] したがって非常にごたごたしたものでした。さまざまの仏や菩薩を整理・分類する必要が出てきたということでしょう。また金剛界曼陀羅のほうはいろんな所から取り集めた諸仏を、密教独自の菩薩として再生させたものです。一体どのくらいの数の諸仏があったかといいますと、胎蔵界曼陀羅では四五〇尊、金剛界曼陀羅では七五〇〇尊です。[7] 仏教ではふつう諸仏、諸菩薩の数は八万四千とされています。八万四千というと、ずいぶんたくさんの仏様がいるようですが、これは日本の八百萬の神よりは少ないわけですね。胎蔵界曼陀羅は、理論的な骨組みを持っています。大日経では「三句の法門」というのがあって、「菩提心を因と為し、大悲を根と為し、方便を究竟と為す」という文句があるそうですが、これは、真ん中に菩提心があって、それが大悲をひらいて、方便のあらゆる世界に及んでいくということだそうです。[8] この胎蔵界と金剛界とを、理と智の世界であるとか、直観と分析であるとかいうように二分法で考えるのは間違いであり、これらを合わせて一つにした両界曼陀羅というのが後に出来ました。そしてこの両界曼陀羅が、正しい曼陀羅の姿であるといわれています。

曼陀羅の特徴

曼陀羅の特徴について考えてみます。最初に申し上げた土の壇を、一番原初的な形で造ったとき、その土の上に牛の糞を塗って固めたそうです。じつはそこに一つの意味があるんですね。というのは、不可触賤民《ふかしょくせんみん》は主として便所の掃除をしていたため排泄物を取り扱っていたわけです。それを蔑視するのはいわれのないことであり、アーリアというのは固定的なものではなく流動的なものであると考えることの一つの記号、シンボルとして牛の糞を塗ったということなんです。(7) このことを哲学的に見ますと、大日如来の菩提心から見れば、上下の身分とか貴賤の身分の差別などはないものであり、菩提心が行き渡っていけば、すべての人が同じように菩提心にあずかることができるということなのです。これはしかし、平等の原理ではないと私は思います。平等というのは位階を中心に考えられたものですが、円構造は位階構造ではありませんし、おそらく交換の原理ではないかと思うんです。たとえば大日如来が不可触賤民になったり、逆に不可触賤民が大日如来になったりという具合に、諸々のものが入れ換わる原理を表わしているのではないか。曼陀羅というのは非常にダイナミックなものです。その動態的な性格は、位階対平等といった二律背反ではなく、流動するものであるところから来ると思うんです。

もうひとつ、曼陀羅について言われていることは、曼陀羅というのはいろいろあってよいということなんです。『密教図典』(9) を見ますと、ものすごくいろいろな曼陀羅がありす。どうしてこんなにたくさんの曼陀羅があるのかといいますと、それは見えないものを見えるようにする、つまり、目に見えるものを通じて目に見えないものを推し測るものだからなんです。記号とはそういうものであり、おそらく曼陀羅とは、純粋な意味での記号でもあると思うんです。だとすれば、見えないものを見る方法は個人によっても文化によっても違うわけですから、どのような曼陀羅があっても構わないことになるわけです。

「南方曼陀羅」もそうやって出てきたものだと思います。また、この見えないものを見えるようにするということは、モデル論にも通じます。抽象的な命題を目に見えるものとして描くのが、科学におけるモデルですから。

南方曼陀羅の構造

次に、南方熊楠のテキストに基づいて、どういう文脈で曼陀羅という言葉が出てくるのかという第二の点について話を進めたいと思います。曼陀羅という言葉が出てくるのは非常に少なくて、三回ほどであり、図1を入れても四回くらいしか出てまいりません。しかもそれらは全部「土宜法竜宛書簡」の中の、およそ一九〇三年頃に書かれた手紙に集中しているのです。土宜法竜は高野山の管長をしていた人で、非常に深い学識を持った、秀れた真言宗の学僧でした。この人との往復書簡の中の、一九〇三年六月七日付にまず、「わが曼陀羅に名と印とを心・物・事と同じく実在とさせることにつき、はなはだしき大発明をやらかし」[10]とあります。これはこういうことだと思うんです。曼陀羅でいう名（名前）も印もたしかに実在するけれども、自分はそれを心と物と事とに置き換える。心も物も事もみな同じように実在すると、自分は解いた。彼は図でものを考えるのが好きで、これも図を書いて説明しています（図2）。

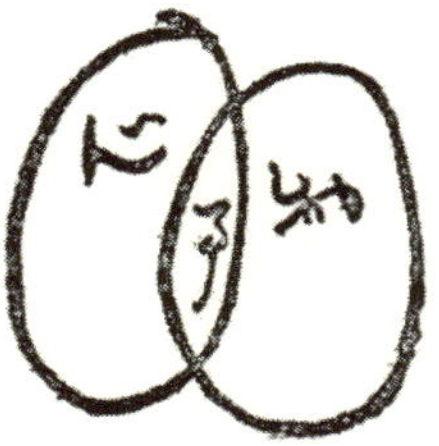

（図２）

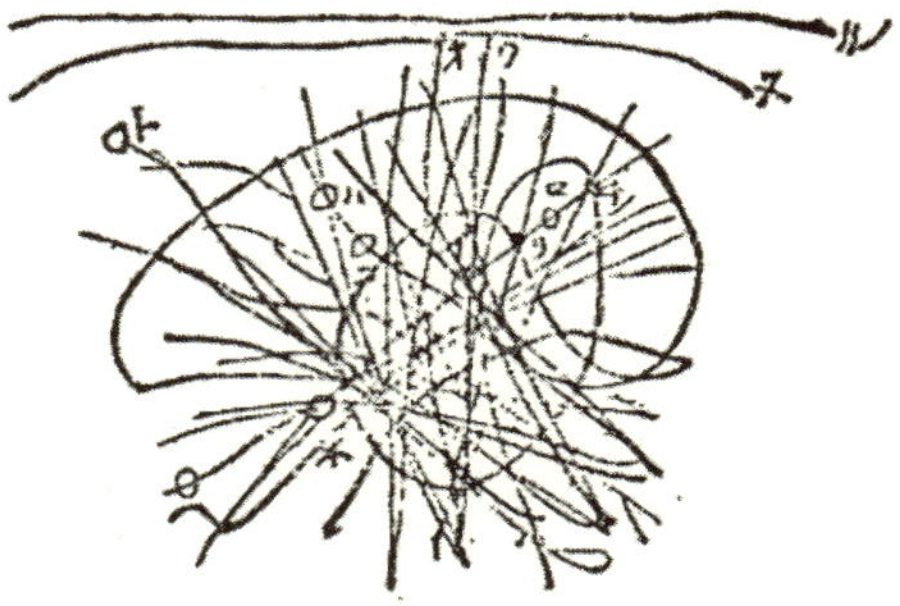

（図１）

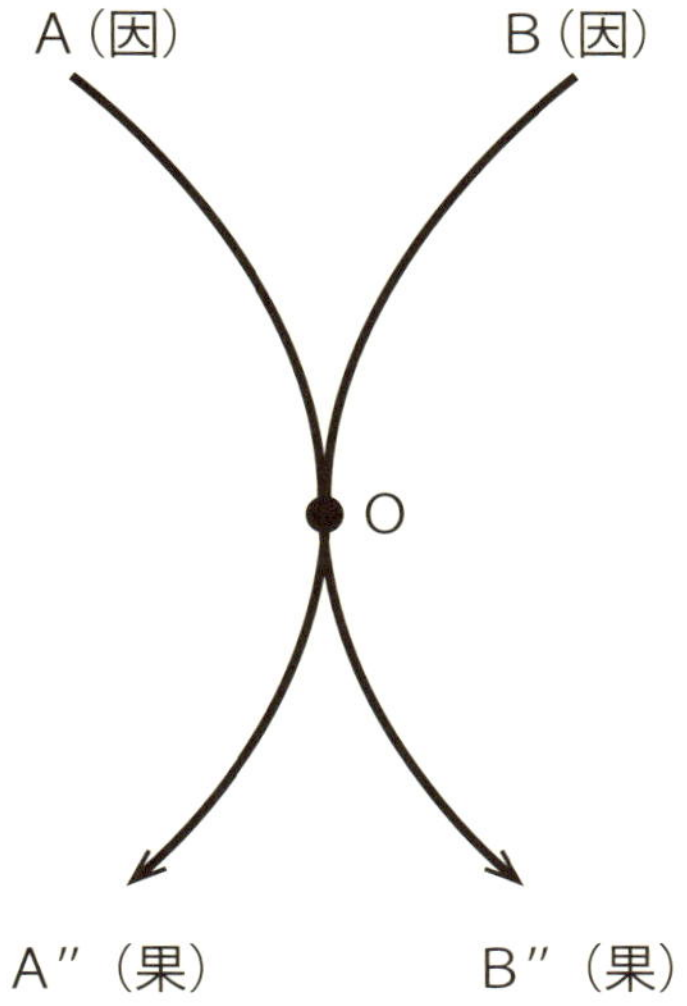

（図４）

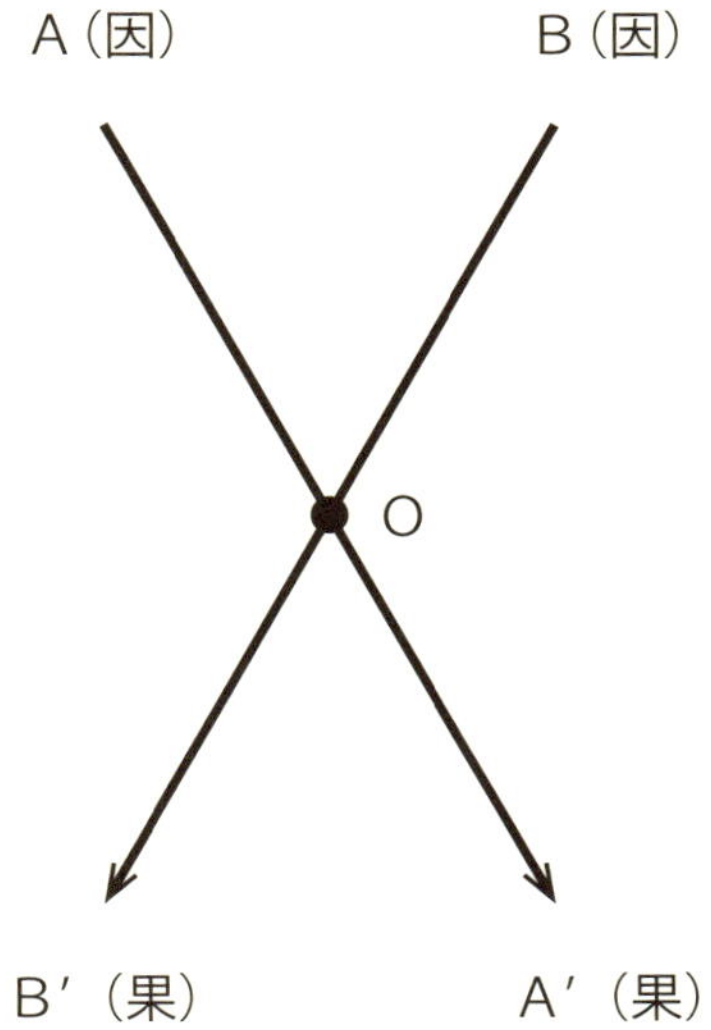

（図３）

図１、２は『南方熊楠全集７』（平凡社、1971年）より

一方に物があり、他方が心であり、心で物を見たのが事であるわけです。事の学問にはおそらく民俗学・社会学・人類学といった学問が入ってくるわけです。その中で一番面白いのが民俗学です。物の学問には物理学が入ります。そして、心の学問には心理学が入るわけです。それから、民俗学の中で一番基点となっているのは宗教であるとしております。構図としてはこのようになっているわけですが、各々不思議という言葉をつけて、物不思議、心不思議、事不思議と呼び、この不思議を解くのが学問であるとしているわけです。そしてさらにこの全体をひっくるめるのが理不思議であって、これには数学と論理学が含まれるわけです。私は、南方の曼陀羅の最初のものが、これなのではないかと思っています。

南方は一九〇〇年にイギリスを去っていますので、ちょうどビクトリア王朝の最後の輝かしい時代にイギリスで勉強したことになります。この時代の学問は未分化でしたので、専門化されていない時代の学問をどうしたらいいかということで学問の体系化志向が非常に強かったと思います。未分化なるものをいかにして整理・分類するかという体系化志向と、曼陀羅志向とは、似ていると思います。神様や仏様がごちゃごちゃしていてどうしようもないから、これを整理してみようということで曼陀羅が出来てきた経緯から考えますと、まさにそっくりです。また南方は、学問の中で論理学が一番大事だと考えています。

そこでこの場合にも、数学と論理学、とくに論理学が基になって全体を解くのだと言っているんです。今、西欧の自然科学によって物不思議を解くことはできる。また心理学によって心不思議を解くことはできる。しかし、民俗学・比較宗教学・人類学・社会学などはまだ若い学問なので、物を心がどう見るかという事不思議はうまく解けていないとしています。こういう体系としての曼陀羅が、彼の頭の中でできあがったわけです。（図2）

つぎに図形としては図1が出てくるわけです。

こういうふうにメチャクチャに筋を書いていくと、南方の描いた図になるんですね。筋が一番たくさん集まっているところが〝イ〟で比較的多く集まっている所を〝ロ〟とか〝ハ〟とか書いております。彼がここから考えたものは、因果律と偶然性ということです。十九世紀は、因果律が解ければ、それで科学の法則はすべて解けるとして、因果律をもっとも重視した時代でした。南方は、こうした十九世紀末のイギリスの自然科学について、自然科学は因果律で解けるけれども、社会科学は因果律だけでは解けないと考えました。この因果律と偶然性とを示した単純な図が、もう一つ別にあります（図3）。

「因―果」とありますが、これがつまり科学でいうところの因果律（causality）なんですね。ところがこれに縁が加わるわけです。つまり、Aという一つの因果律の系列とBというもう一つの因果律の系列とが出会うことは、これは必然ではないわけです。Aのベクトルが一定の方向に行くことには必然性があるし、Bのベクトルの方向にも必然性があるけれども、これらがあるところで出会うという必然性はないということなんです。そしてそれが縁だというわけです。縁とは別に、起というのもあります。縁と起のちがいをわかりやすく描いてみると図3・4のようになります。

図3では、A—A′、B—B′の因果系列が、0という接点で出会った後も、それぞれの進行方向を変えない。ところが、図4ではA—A″、B—B″が0という接点で出会ったために、進行方向が変わってしまう。これが起なんです。よく縁起と言いますが、縁と起とは少し違うんですね。どちらも偶然ではあるんですが、縁のほうは偶然に出会っても、お互いにもとのコースを変えずに、あまり影響し合わずそのまま進みます。ところが起のほうは、偶然出会ったがために、一方または両方が影響を受け、もとのコースから外れて行ったりするわけです。つまり起の場合は、出会ったことによって何らかの行動が起こり、もとの因果系列とはいくらかずれてくる。もしくはもともとずれていたものが修正されてくるわけで、その後の経過に変化が出てくるわけなんです。縁起というのはそういうものなんですね。仏教では因縁を言います。近代科学のほうは因果律（causality）を言います。これを比べてみますと、西欧の自然科学は仏教でいう因しか扱っていないわけです。ところが、仏教の場合は、因だけでなく縁をも包摂している。つまり、十九世紀末の西欧科学

は、必然性だけしか考えていなかったのに対して、真言密教は、必然性と偶然性とを同時に捉えている。仏教のほうが、その方法論的可能性として現実をとらえるのにより適している。すぐれている、ということになります。したがって、「科学というも、実は予をもって知れば、真言の僅少の一分に過ぎず[11]」ということになります。

次に出てまいりますのが、一九〇三年八月八日の「貴君らすでに科学を享受すべき白地すら持たず、いかにして曼陀羅ごときこみ入ったものを受解し得んや[12]」です。つまり、お前たちは科学すらもわからないのだから、曼陀羅がわかるはずはないと、えらいお坊さんに向かって言っているわけです。科学のほうが曼陀羅よりずっと単純で易しいんだ、曼陀羅のほうが西欧科学よりも上位の学問なんだとしているわけで、私はこれは非常に面白い考えだと思いました。

一九〇四年三月二十四日付書簡では、「この世界のことは決して不二ならず。森《しん》羅《ら》万象《ばんしょう》すなわち曼陀羅なり。その曼陀羅力を利用するの法およびその法あるべき理論を精述するなり」と書き、さらに曼陀羅の特徴についても述べています。「(1)個人心は単一にあらず、複心なり。すなわち一人の心は一にあらずして、数心が集まりたるものなり」。ここでもまた、「集まる」ということが言われているわけです。続けて、「この数心常にかわりゆく、またかわりながら以前の心の項要を印し留めゆく」。さらに、「(2)しかるに、複心なる以上はその数心みな死後に留まらず。しかしながら、またみな一時に滅せず、多少はのこる」。「(3)右を実証す。(4)天才（genius）のこと。坐禅などはこの天才を涵養する法なり。しかるに、なにか大胆になるとか不平をしのぐとか心得は残念なり。不意に妙想出で、また夢に霊魂等のことあり。これ今日活動する上層の心機の下に、潜思陰慮する自心不覚識（アラヤ）の妙見という」としています。[13] アラヤ識とは、仏教でいう「潜在的識」であって、悟りの世界に転ずると、一切を知る「大円鏡智」となるといわれます。[14]

南方が、曼陀羅について土宜法竜宛に長い手紙を書きつづけていた頃には、まだユングのマンダラ論は出ていません。日常の表層の意識と潜在意識とを、西欧科学の知識と「東洋科学」（これは南方のことばです）の知恵とを、そして、「物不思議」と「心不思議」とをむすびつけて全体性をとりもどす原理として、「曼陀羅の妙法」を説いた南方は、ユングより少し先にあらわれて、そしてユングに共通する面があると思います。

学問の方法としての南方曼陀羅

最後に、学問の方法としての「南方曼陀羅」の意味について考えてみたいと思います。

第一は、比較の方法としての曼陀羅です。アメリカの社会学者は、比較（とくに国際比較）の目的は、仮説の検証だといいます。自然科学では、仮説を検証するために、実験をおこないます。しかし社会科学では、実験できないことがらが多いので、実験の代りに、比較をして、仮説の蓋然性《がいぜんせい》をたかめる、といいます。[15]わたしは、それだけでは、発見がなくて面白くないと思います。

　南方が、曼陀羅の「妙法」を用いておこなった比較の方法は、これとは違います。南方は、「日本にあるほどのことはヨーロッパにあり、ヨーロッパにあるほどのことは日本にもある」という信念をもって、人類共通の謎を解くことをめざしました。この点では、日本の独自性の探求をめざした柳田国男とちがっています。南方の比較方法は、異なる社会、文化の事象のあいだに、相互翻訳可能性をさぐりあてることです。たとえば、邪視をおそれる風習と、邪視を避けるまじないが、北アフリカ、インド、中国、日本、イタリア、オランダ、トルコ、アラビア等地球上の広汎な地域にゆきわたっていたことを南方は文献で知りました。たとえば、古代エジプトの女性はコール粉を眼のふちにつけて美しい顔を汚すことによって、羨望の邪悪な視線から身を守りました。インドの女性が眉間に星をつけるのもとはおなじ理由によりました。そうしたことから、日本で、節分になぜ豆をまいて鬼を追い払うか、ということもわかってきます。鬼が豆の数を算えているうちに邪視力を失うと信じられたからです。このようにして、南方が、「小児と魔除」という論文の中で展開したのは、連関式謎解き法です。ある一つの国の特定の時期になぜこのような俗信があったかの謎が一つ解けると、他の国の共通した俗信の謎をおなじやり方で、つぎつぎに解いてゆきます。そして、はじめの謎解きに使われた個別的なカギは、より広汎に適用できる普遍的な原理に近付きます。こうして、邪視と邪視除けの比較をとおして、南方は、先天的（美醜、強弱、能力の優劣など）な不平等であろうと、社会的（貧富、権力の大小、名声の高低など）な不平等であろうと、不平等への異議申し立ての心情が、人間社会に普遍的であることを示したのだとわたしは解釈しました▼[16]。

　また、南方の英文論稿に、「燕石《えんせき》考」があります。この論文は、ロングフェローの詩「エヴァンジェリン」からの引用からはじまります。「母燕が子燕の眼を明けるために、海辺からはこぶという、ふしぎな石を、燕の巣から探しあてたものに、幸がある」という一節です。中国にも日本にも「燕石」とよばれるものがあって、人間に幸いをもたらすと信じられていました。「燕石」とよばれるものの中には、甲殻類の小さな石のような鰓蓋《さいがい》、擬軟体動物の石灰質の化石（つばめが翼をひろげた形に似ています。雌雄があって、酸の中に入れると惹きつけあい、小さな泡を出します）、子安貝又は宝貝（これは『竹取物語』の中にでてきます。「燕のもってきた貝」です）等がふくまれています。鰓蓋は、小さくて、表面がなめらかなために、まぶたの下に挿しこむことができ、眼の中のごみをとることに役立ったために、眼病を直すのに役立つと信じられ、さらに、眼に関係のあるあらゆる病気から人間を解放するのだから、人間に幸福をもたらすものだと信じられるようになったのです。そしてこの迷信は、つばめは神聖だという古代の信仰によってささえられました。これがロングフェローの詩にある燕石を見つけたものは幸いである、ということばの謎解きです。

　中国の燕石は、雌雄の石を産婦の両手ににぎらせると、安産にきくと信じられました。また日本の昔話に、子安貝（燕石）は安産をさそうと信じられたのは、この貝がヴィナスの印相であるとおなじ理由――その特異な形――によるものです。子安貝はまた、古代には貨幣の代りに用いられたことも、その功徳に相乗効果をもたらしました。

　このように、南方は、燕石に関するヨーロッパ、中国、および日本の事例を、博引旁証《はくいんぼうしょう》して比較しています。この論文を、わたしは、「心が物を誤認してゆく過程を、原因と結果の連鎖においてとらえ、さまざまの誤認の原則が、相互に作用しあって、誤解の相乗効果を生じてゆく過程を、分析したものである。そこには、『曼陀羅』の効力が遺憾なく発揮されている」と解釈しました[17]。

　この論文は、南方曼陀羅の手法による「比較謬見《びゅうけん》論」とよぶことができます。この論文は、人間の認識における誤謬の起源を探究しただけでなく、さらに、人間は、誤解することによってたとえば、ロングフェローの詩の示すように想像力を刺激されることがあります。その意味で、誤謬と創造との関係について示唆に富む論考でもあります。

第二は、学問における「萃点《すい》」の意味です。南方曼陀羅の萃点は、もろもろの因果の系列が、もっとも多く通過するところを指しています。異質なものの出会いの場といってもいいでしょう。南方の脈絡でいえば、さまざまの必然性の系列が、偶然に出会う場所ともいえます。南方の面白いところは、存在論と認識論と実践論とが、一つの曼陀羅の中に入っているところです。南方の学問は、彼の一世一代の社会的大実践であった、神社合祀《ごうし》反対運動を、萃点としているといってよいと思います。地方役人による、地域の産土社《うぶすな》をはじめ、さまざまの中小の神社の破壊とそれらをとりまく森林の濫伐は、南方の生物学と民俗学との研究を不可能にするものであったからです。南方が渾身の力をこめて書いた神社合併反対意見書は、彼のそれまでの学問の蘊蓄《うんちく》を傾けたものでありました。(18)

さらに、南方自身が、彼が後半生を定住した和歌山県田辺の地域の人々をつなげ、さらに、東京在住の柳田国男をとおして東京の有識者に働きかけ、また和歌山県選出の国会議員をとおして議会に働きかける全国的規模の反対運動の、萃点に立って、活動したのです。南方自身が、さまざまの人々を、神社合祀令の撤廃にむかって出会わせ、むすびあわせる接点になったのです。南方は、その意味では、現代の市民運動のさきがけということができます。

一例をあげますと、一九六〇年の安保以来、「声なき声の会」の担い手となってきた画家の小林トミさんは、その著書『貝がらの町』の最後を、つぎのようにしめくくっています。「二十年たった今、多くの心ゆたかな出会いを忘れるわけにはいかない。その数は、数えきれないほどだが、『声なき声の会』はちょうど交差点のようでお互いの考えをぶつけあい影響しあい、こうしたひとりひとりの出会いが声なき声の運命なのだと思いはじめた。私の頭のなかには二十年にわたる数千人の人びとの出会いがある。お互いに影響しあい、会にあらわれなくともそれぞれの場で懸命に生きているにちがいない」[19]。小林さんが萃点となって、この運動を支えているわけです。このように現代の草の根の市民運動論にも「南方曼陀羅」の萃点は使えると思います。

発見と創造の方法としての南方曼陀羅

最後に発見と創造の方法として、曼陀羅を読みかえることができるのではないかと考えます。異質なもののぶつかり合いの中から、新しい統合を生み出していく、その統合の方法として曼陀羅を考えることができます。曼陀羅は、意識と無意識との接合の場でもあるわけです。論理的に筋道を立てて考えていく意識の場面と、論理的に考えるという抑圧を取り払って、感性的に感じとる無意識との出会いの場であるということです。南方は、自分がどのようにして新しいコケを発見したかということを書いていますが、それは不思議なことに夢のお告げによってだというのです。つまり、あの峰に行けば、今までどうしても見つけることができなかった赤いコケが必ず見つかるといった夢を見る。そしてその峰に登っていったら本当に赤いコケがあったというんです。ポアンカレーが『科学と方法』の中で同じようなことを書いています。どうしても解けなかった問題が、旅行に行って馬車に足を乗せたとたんにその解がひらめいて、家に帰ってちゃんと計算してみたら合っていたというのです。このようにして、「フックス函数を定義するのに用いた変換は非ユークリッド幾何学の変換とまったくおなじである」という新しい命題を発見したのです。[20]

　精神分析学者のシルヴァノ・アリエティの『創造性』[21]という本と、『南方熊楠』を書いてから後に、出会いました。私が『南方熊楠』を書く前に、このアリエティの本を読んでいたら、もっと違った書き方ができたんじゃないかと思ったのです。アリエティは、創造性を今までまったくつながりのなかった事物のあいだに、つながりを発見することと定義しています。これは曼陀羅の妙法につながります。アリエティは、自然科学をはじめ、芸術、社会科学、哲学などの領域における創造的人物の創造的瞬間の精神分析をしていますが、創造的瞬間に表われるのは、異質な二つのものの結びつきであると言うのです。一つは形式論理学です。この形式論理学だけを使っている人は、いつになっても創造はできない。形式論理学は、同一律、排中律、矛盾律から成っています。これと異なる論理を、アリエティは、古代論理（パレオ・ロジック）とよんでいます。形式論理が異化を強調するのに対して、古代論理は同化を強調します。二つの異なる事象の間に少しでも同じ所があれば同じだと断定してしまう。たとえば、けしの花と太陽とは両方とも赤いから同じものだというように。形式論理は、逆に、少しでも違うところがあれば、違うものとして分類します。異化してしまうわけです。古代論理が強く働くのが潜在意識の場です。

第二に、彼は、デカルトの言う「明晰《めいせき》にして判明なる概念」ばかりを追求している人は、創造的な仕事はできないと言っているんです。秀才だけれども天才ではない。明晰判明な概念に対するのは、形の定まらないもやもやした内念（エンドセプト）です。しかし、内念はそのままに他人に伝えることができないので、これをもう一度、「明晰にして判明なる概念」に翻訳し直すことによって、新しい概念を創っていく。エンドセプトがあらわれるのが潜在意識の場面です。創造の過程には、古代論理と形式論理、エンドセプトと明晰な概念とが相互作用しあうものであると、アリエティは言っています。これを読んで私は、南方は自分の中に宇宙を取りこんで、その中でやはり様々な出会いをしていたと思ったわけなんです。学問の方法と、曼陀羅の妙法とが、そこでつながってくると思います。

東西の学問を統合して、新しく「東国の学風」を創ろうとはげましあったのは南方熊楠と柳田国男でした。南方にとって曼陀羅とは、西欧科学を東洋の思想——真言密教——をもって解釈し、真言密教を西欧科学をもって読み解く（たとえば、因縁を必然性と偶然性の結合と解く）ことをとおして、相互に浸透させ、格闘させて、新しい学問を創造するための道場であり、方法でありました。南方曼陀羅は、十四年間アメリカとイギリスで独学し生活した南方が、そこにどっぷりつかっていた十九世紀末の輝かしい西欧学問の呪縛から自らを解放するために、自ら構築したよりしろでもありました。南方曼陀羅そのものは、独創的なモデルでありますが、それは創造への跳躍台として大切なのです。南方曼陀羅を、わたしたちは、既存の学問の型を、わたしたち自身が自由に使いこなし、ふみしだいて、新しいスタイルの学問を創り出してゆくためのよすがとしたいと思います。

注

（1）中村元『比較思想の先駆者たち』、広池学園出版部、一九八二年、一三五—一四一ページ参照。
（2）『世界大百科事典』、第二十一巻、一八一ページ。第十二巻、七ページ。
（3）松長有慶「マンダラの形成と展開」、『理想』、一九八一年二月号、三一—三二ページ。

（4）頼富本宏「マンダラの構造と図像的意味」、同右、四八ページ。
（5）宮坂宥勝「マンダラの系譜」、同右、一四ページ。
（6）松長、前掲、四一ページ。
（7）金岡秀友の発言、金岡、真鍋俊照対談「マンダラの思想から造形へ」、同右、六九ページ。
（8）金岡、同右。
（9）宮坂・金岡・真鍋共著『密教図典』、筑摩書房、一九八〇年。
（10）『南方熊楠全集』、第七巻、三二六ページ。
（11）同右、三七二ページ。
（12）同右、三八九ページ。
（13）同右、四六五―四六六ページ。
（14）一九八三年七月二十日、阿磨利磨氏の講話による。
（15）この考えの原型はつぎの論文に示されている。Sumuel A. Stouffer, "Some Observation on Study Design", *American Journal of Sociology*, Vol.55, No.3, November, 1949, pp.355-61.
（16）鶴見『南方熊楠』、講談社学術文庫、一九〇―一九六ページ参照。
（17）同右、九二―一〇六ページ。
（18）同右、二二二―二三二ページ。二四九―二八九ページ参照。
（19）小林トミ『貝がらの町』、思想の科学社、一九八〇年。
（20）ポアンカレー著、吉田洋一訳『科学と方法』、岩波文庫、一九五三年、五七―五八ページ。
（21）Silvano Arieti, *Creativity: A magic Synthesis*, Basic Books, 1976.

四　(2) 博識・南方熊楠の書庫

「いつまでも父の霊が書庫の中に生き続けて居ると信じてか、お盆が来れば迎火を焚き、第一に書庫を開き、眼鏡を添えて『さあ、おはいりなさいませ』と挨拶する母であった……」と南方文枝さんは書いている。（『父南方熊楠を語る』、日本エディタースクール出版部、一九八一年）。その書庫に、わたしははじめて、今年の五月に入れていただいた。「人物評伝、南方熊楠」をNHKテレビが作成するための取材旅行のおかげである。（一九八一年八月二十六日放送）。

書庫で目についたものを二冊だけあげる。イギリスで出版されたA・S・E・アカマンの『一般に流布している謬見《びゆうけん》——その説明と訂正』（一九〇七）という本は、一九二〇年に著者から贈られたと表紙に記されていた。南方の幻の傑作「燕石考《えんせきこう》」をわたしはすぐれた比較謬見論と見る。これを英文で南方が書いたのは、一九〇三年であるから、アカマンの本の出版より前であった。その後南方は一九二三年に、おなじく謬見論をテーマとした「鷲石考《しゆうせき》」を書き、『ノーツ・エンド・クィアリーズ』誌に連載した。インドで一九一五年に出版された『フォークロア・ノーツ』二巻には、邪視（ねたみをもって凝視することによって、相手を傷つけることができるという信仰で、それを防ぐさまざまな手だてがあり、日本を含めて広く世界に流布している）のことが詳細に記されている。南方が邪視について本格的論文を書いたのは一九〇九年であるから、この本の出版よりも六年前である。その後一九三一年まで、南方はしばしば邪視について補論している。

このようにして、南方は、自分の関心あるテーマについては、常に世界の新しい情報と研究とに目を見開き、自らも独創的な見解を世界にむかって発信していたのである。南方の国際比較の方法の秘密をとくカギが、この書庫のなかに遺されているのではないか。いつか南方文庫の目録を作ってみたい。

南方の学問は、自然科学では動物学、植物学、生理学に、社会科学では民俗学、人類学、社会学、歴史学、心理学、宗教学にあいわたる。そのうちとくに力を集中したのが粘菌《ねんきん》研究と比較民俗学であった。そしてそれらすべての学問の根底に、数学と論理学とをおいた。二十歳で東京大学の前身の大学予備門を中退し、アメリカに五年、イギリスに九年滞在し、大英博物館を中心に、十数か国語の文献を渉猟《しょうりょう》筆写した。アメリカ滞在最終年には、イタリア人曲馬団とともに、中南米諸国を巡回し、動植物を採集した。その間に、今でいえば、第三世界の生活をつぶさに観察した。一九〇〇年に帰国してからは、故郷の和歌山県田辺をついのすみかとして、日本を終生離れることがなかった。

かれはまた、実践の人であった。一九〇六年に発令された神社合祀《ごうし》令によって、産土《うぶすな》神社をふくむ郷土の神社・小祠《しょうし》が破壊され、森林が乱伐されることに反対して、地域の人々とともにたたかった。これは、地域の自然生態系を守る運動であると同時に、民間信仰が国家神道に系列化されることへの、強烈な異議申し立てであった。

今年は南方逝《ゆ》いて四十周年になる。現在ではただひとりの遺された血縁者である南方文枝さん（故岡本清造教授夫人）の『父南方熊楠を語る』が、きき手に適任者、谷川健一さんをえて、このほど出版された。文枝さんによる「終焉回想」と「母」の二文が加えられている。娘であり、粘菌研究の最良の協力者であった文枝さんの語りには、愛情がこもっていて、しかもつきはなしたユーモアがある。奇行の人とされていた熊楠の日常生活と人間関係と仕事ぶりが、はじめて解き明かされ、これは南方学への最良の道案内である。

この本はまた、神社合祀反対運動にかんする未公刊史料を載せている。地元の研究者、中瀬喜陽氏と吉川寿洋氏とによって発掘されたもので、両氏の懇切な解説が付されている。

靖国神社の「公式参拝」と「国家護持」が問題になっている今日、神社合祀反対運動の原点にさかのぼって、その動機づけの深さと、智謀とから学びたい。

南方学の今日への意味を考えるために、つぎのような書物をあげる。『南方熊楠全集』全十二巻（平凡社、一九七一―七五）は、基本文献である。その中から代表的な論文を集録して入手しやすい形にしたのが、岩村忍編『南方熊楠文集』全二巻（平凡社東洋文庫、一九七九年）である。この中には、南方の英文草稿を岩村氏が邦訳した「燕石考」が収録されている。（英文は全集別巻Ⅰに収録）。飯倉照平氏のゆきとどいた編集解説による『柳田国男　南方熊楠　往復書簡集』（平凡社、一九七六年）は、ともに「東国の学風」を打ち立てようとしたこの二人の創造的知性の資質と方法のちがいをきわだたせていて興味深い。同じ編者による『南方熊楠　人と思想』（平凡社、一九七四年）は、諸家の南方論の集成である。

伝記としては、笠井清『南方熊楠』（吉川弘文館、一九六七年）が手堅い。雑賀貞次郎『追憶の南方先生』（紀州政経新聞社、田辺市湊七一八、一九七六年）、樫山茂樹編『南方熊楠先生小伝』（一）（二）（同上、一九六七年）は、田辺における南方熊楠の旧知によって描かれた、貴重な南方像である。

追補

この小文を草した後に入手したものを次にあげる。

『南方熊楠選集』全七巻、平凡社、一九八四—八五年。

平野威馬雄、『大博物学者——南方熊楠の生涯』、リブロポート、一九八三年。

楠本定一、『紫の花、天井に——南方熊楠物語』、あおい書店、一九八二年。

（著者は、南方の長男熊弥さんと中学時代の同級生であった。戦後田辺商業高校教頭となる。親しく南方家を知る人の著書である。脇村義太郎先生からいただいた。）

Carmen Blacker: "Minakata Kumagusu: A Neglected Japanese Genius", *Folklore*, Vol.94 ii, 1983.

（これは、一九八二年三月十九日、イギリス民俗学学会の年次大会の会長講演として発表されたものである。大林太良先生の御好意でコピーをいただいた。単行本ではないが、イギリスでも、南方熊楠再認識の機運があることをしるうえで興味があるので掲げる。）

四　(3)　南方熊楠のうたと川柳

南方熊楠は、紀州和歌山で生れた。青年時代に、アメリカに足かけ五年、イギリスに八年いて、自然科学と社会科学にわたる広汎な学問を、独学をもって究めた。帰国後は、熊野の那智にしばらく滞在したが、のちに田辺に移り、生涯そこに定住した。そして、紀州・田辺の住人として、粘菌《ねんきん》の新種の発見と研究と、比較民俗学にかんする論文とを、世界にむかって発表しつづけた。

南方の英文は荘重であり、和文は江戸時代の滑稽文学に通う軽妙洒脱さがある。南方はとくにかまえて歌や句をよんだわけではないが、興にのって色紙や短冊に画を描き、即興のうたや川柳を本の余白に書きこんだりもした。そのような即興の歌や句を、田辺の人、雑賀貞次郎氏が、『追憶の南方先生』（紀州政経新聞社・一九七六年）に「南方熊楠先生雅懐《がかい》」として、集録した。

一九〇二年（明治三十五年）十二月、那智山で菌類を採集していたころに、田辺の芸妓広井松子におくったうたがある。

冬の夜寒に身にそひねるは川でぬらしたやぶれたび

これには、「那智山中植物採集生活中の忍苦寂寥をよくあらわしている」という雑賀の注がついている。

翌年一月、おなじく那智でよんだ歌。

多屋高女よりのたよりをよみてそのかえしに

田辺なる多屋の門辺にかけし橋ふみみるたびに人もなつかし

高女は、熊楠が田辺でしばらく寄寓した多屋家の息女で、才媛であった。のちに、田辺高女校長夫人になる。

熊楠はやがて田辺に移り住み、松枝夫人と結婚した。五十九歳の時、短冊に、「妻臥したる側に余徳利ふりむく躰」を画き、川柳をしたためた。

ぬき足で　吾酒盗む　寒さかな

これは熊楠の面目もっとも躍如たる句と思われる。

おなじころ、南方邸の表側の長屋に住んでいた洋服仕立屋さんの金崎宇吉氏に与えた句に、

寒の入り　猫もマントを　ほしげなり

一九二一年二月二日、秋川正次郎という田辺の蒲鉾屋さんが、「縄巻ずし」という山芋をすったものに鯑をまいてつくった風雅な、なれずしの珍味を、縄をといて半分贈ってくれた。その心がうれしく、熊楠はさっそくその図を画いて、礼の句を送った。

縄巻の　とくる心や　梅の花

田辺名産縄巻ずしは、南方熊楠の大好物として名高い。今日もなお、栗本圭三さんが、父祖伝来の仕法で作りつづけている。

一九〇三年、南方家の手伝いの若い婦人が、南方家を去るにあたって与えた句がある。

一遍も　叱られぬ　春の名残かな

この句のあとには、つぎのような詞書《ことばがき》が付いている。

東郡七川村佐田の三栖文枝女この二年間予が家に在し間一度も主人を荒立てしめざりしは詢に温良恭謙譲以て之を得し者か。

昭和十五年四月二十二日午前五時半出発に先たち書て与ふ

酒豪で、大の癇癪持ちで、奇行の多かった南方熊楠の、日常接するひとびとへのやさしさと義理堅さとが、こうした即興の句やうたの中に生きている。

おそらく、南方熊楠自身にとっては、一九二九年六月に、天皇を田辺湾神島《かしま》にお迎えして、長門艦上で、紀州の植物について進講したときの感懐をうたった歌が、一世一代の歌と自負するものであろう。(このことについては「短歌現代」一九七八年十一月号にすでに書いた)

一枝もこころして吹け沖つ風わが天皇のめでましし森ぞ

この歌の自筆の歌碑を、翌年南方は、ゆかりの神島の海辺に建立した。

雑賀氏の「雅懐」にも、『南方熊楠全集』(全十二巻・平凡社)にも、集録されていない歌や句は、まだいくらかあるに違いない。そのようなうたの一首を、わたしは、昨年五月、南方文枝さんの御好意で、南方文庫に入らせていただいたときに発見した。それは、『パラドックス』(一八八六年刊)という、原文はドイツ語の英語版の論理学書の余白に記されたものである。

しぼみはつる花よりもなおハカナキハキエテ跡ナキ春ノ夜ノ夢 (原文のまま)

そしてこの歌と前後した余白には、英語でつぎのような書きこみがあった。

天才とは悪霊の感傷的な一分類ではない。

一般化は観察を促進する。

帰納と演繹《えんえき》とは同一のプロセスである。

国家とはなにか。

こうした書きこみが、全体としてなにをいみするのか。判じもののようだ。しかし、すくなくとも、この論理学の本をよんでいた南方熊楠の中で、はっきりした形はもたないが烈しい感情が湧きあがり、明確な形をもった理性的認識と、交錯し触発しあったことだけは、よみとることができる。

形なき情動はやまとことばによって、そして、明確な論理的思考は英文で、おなじ人間が、同時に表現している点も興味がある。感情と論理とが交錯する時刻を、創造の瞬間というならば、南方熊楠という独創的な学者の、創造の軌跡をここにかいまみたということができようか。

五　文化の根としての女の力

日本の近代化とは何か

私の題は「文化の根としての女の力」という不思議な題なんです。実は、中村雄二郎先生と江上波夫先生と二人の偉い男の先生のあいだにはさまって、何を言ったらよいかと考えて、こういう題にしたのです。

現在の女の問題を考えるときに、日本の近代化というものはいったい何であったのか、そしていま何なのかということから位置づけて考えてみたいと思います。日本の近代化というのは女にとって何であって、これから何であらせたいかというふうに考えてみたいと思うのです。

日本の近代化とは、非常にはしょって言えば、一億サムライ化であったということができます。江戸時代には、武士は本当にひと握りで、九〇％近くの人たちは武士以外、多くは農民、漁民、工人、商人という人たちだったわけです。それから未解放部落その他の差別された人たちがいました。そういう人たちはやはりそれぞれ文化を持っていたのです。

文化とここで私が申しますのは非常に卑近なことでございまして、毎日している日常生活のしきたり、ものの考え方、行い方、人間と人間との交わり方、そういうすべての型をさしておりますが、そういうものは武士とはちがったものをもっていたはずです。たとえば、百姓は武士と同じ色や質のキモノを着てはいけない。今、私が着ておりますような、紺の木綿、これがわれわれ働くものに許された唯一のスタイルだったわけです。

ところが、明治の近代化によってすべてを統一する。そしてみんな格上げされて、武士という階級が制度としてなくなったとたんに一億がサムライになった。これは日本の近代化のパラドックスです。一億サムライ化による近代化が成功したということがまた私たちのパラドックスを作り出したということができます。そのような近代化によって私たちは幸福になったか。幸福になった面ももちろんあると思うのですが、かえって不幸になった面もあります。

成功の原因は、一つは武士のもっていた伝統と西欧の近代――主としてイギリス、アメリカ、フランスなど――がもたらしたお手本とをうまく接ぎ合せることができたということです。西欧のお手本というのは、資本主義経済の構造と、経済にも政治にも社会にもあらゆる面で行き渡っている官僚制度、統治の構造としての中央集権、それから近代の技術と科学です。これら外来のお手本と武士がこれまでもっていた伝統とが、形態的に同一性を持っていた。マックス・ウェーバーは、禁欲主義と働き主義と個人主義とを中心とするプロテスタントの倫理が西欧の資本主義の発達に貢献したといいましたが、それにかなり見合った要素が武士道のなかにあったということをロバート・ベラはいっております。ただし、日本の場合は、個人主義よりも集団主義である点がちがっております。サムライ・エリートが指導者となって、サムライの伝統と西欧近代のモデルとを接合して、中央集権型近代化のレールが敷かれたというふうに見ることができます。そして沖縄県の皆様方にとっては、沖縄以外の日本からヤマトの役人がやってきて沖縄の人たちを行政のなかから追い払って支配した。そして、沖縄の人たちも、ヤマトの人たちと同じように、皇民化教育に繰り入れてしまった。

近代化の始まりの時に、サムライ以外の農民、漁民、工人、商人などの伝統はいったいどこへいったのか、その文化はどこへいったのかということが問題になります。農民、漁民、工人、商人、そういう人たちの伝統は古いものにされてしまったのです。サムライの伝統もまた前近代の文化であるという点では、実は古いものなのですが、それが西欧から入ってきたものと都合よく結びついたために新しいものと見なされました。たとえば、日本の軍隊の構造をごらんになると実にうまく武士道と、とくにプロシアから入れた軍隊の構造とをむすびつけている。幕藩体制の伝統は、近代官僚制度とむすびついた。ところが、西欧近代とむすびつかなかった日本の小さい人々の伝統は、抑えられたけれども、人々の日常生活の習慣、考え方、感じ方として、残ったと私は考えております。

人間の歴史を考えてみますと、変るものと変らないもの、変りやすいものと変りにくいものとがあります。また、社会の階層の中でも、変りやすい層と変りにくい層とがあります。どちらかといえば、エリートの知識や考え方の方が、小さい人たちの知識や考えよりも速く変ります。ことにその小さい人たちの中でも、とりわけ私たち女は保守的だと思うのです。女は子どもを産んで育てる、そして次代に受け継いでいくということから古いものを保ち、そしてそれを伝承していく、伝統文化の伝承者としての女の役割ということが考えられます。

ツララ型の歴史観

先程中村先生が時間について非常におもしろいお話をしてくださいましたが、ここで歴史の中の時間に対する一つの考え方を紹介しておきたいと思います。

それはたとえば、ヨーロッパで、十七世紀から十九世紀にかけてさかんになった、発展段階説という考えです。いま中村先生がおっしゃった哲学的レベルよりもずっと形而下のレベルで時間を考えているのですが、人間が階段を登る。原始、古代、中世、近代、超近代というふうにだんだん登っていく。そして登っていくごとに人間社会は進歩していくという考えです。これがヨーロッパ近代に特徴的な時間に対する考え方でした。

このような時間についての考え方では、日本近代は切れないということを考えたのが柳田国男です。私が申し上げることは柳田先生のお仕事の影響を受けております。発展段階説の立場からみると、原始、古代、中世は近代より遅れたものである。だから遅れたものは切り捨てなくてはいけない、そして先へ進まなくてはいけないという考えですね。それに対して柳田さんの考えたのはツララ・モデルと呼んだらよいと思います。ツララというのは上からさまざまの長さで下がってくる。柳田さんは国学の影響で、原始、古代を上《かみ》つ代《よ》、現代を下《しも》つ代《よ》と考えています。原始、古代のものの考え方や人間関係が、上のほうからずっと近代まで下がってくる。かと思えば、ある地域、あるいはある人々のあいだではそういうものはなくなっていて近代だけがある。あるいはある地域には中世がたれ下ってきている。原始、古代、中世、近代、超近代が入れ子細工のように併存している、それが日本の近代ではないか。そして、中村先生のお話の中に、表層と深層というお話がありましたが、表層からみると日本は超近代ですね。いまはもう非常に近代化された国だというふうに外国からは評価されております。ですから日本は表層的には非常に近代に見えるけれども、本当に奥深くはいってみれば、おなじ社会のなかに、そしておなじひとりの人間のなかに原始、古代、中世が併存している。このことを表現するために、柳田さんはツラということえを使ったのです。

発展段階説とツララ・モデルはちがった価値観に立っています。発展段階説では時間の経過とともに進歩するという考えです。前時代のものはすべて遅れたものだという考えです。ところが、ツララ・モデルで考えると、人間が貧しさとか苦しさから解放される、そのために何が役立つかということが基本なのであって、原始的であるとか、近代的であるとか、中世的であるとか、古代的であるとか、そういうことが問題なのではない。それが一つ、非常にちがう点です。その次にちがう点は、私たちがもし古いものを切り捨てないでもっているとしたならば、それを利用することができるのではないかという考えです。

近代化、このすばらしいものというのは、だいたい一九五〇年代から六〇年代の半ばぐらいまでのひとつの信仰としてあったと思うのですが、六〇年代の半ばから七〇年代にかけて近代というものに非常に大きな疑問符がつけられてきましたね。たとえば戦争についていえば、技術が進むことによってますます戦争の悲惨は大きくなった。今日は戦跡に行ってまいりました。沖縄県の皆様方は、日本のなかで日本軍隊による戦争の傷痕を最も大きく受けた方々です。大量殺りく兵器による戦争も近代のもたらした大きな弊害です。私は公害の問題に興味をもっておりまして、いま水俣のことを色川大吉さんやその他の方たちといっしょに調べております。公害も近代のもたらした非常に大きな不幸ですね。そして私は戦争は公害の最大のものだというふうに考えております。

小さい人々の伝統

近代のもたらしたこうした弊害を乗り切るためには、近代の科学技術をもっと進めればよいという考えがあります。他方には、近代のもたらした弊害は、伝統技術や伝統的な考え方、人間の連帯の仕方などの中によいものがあればそれを今日に生かすことによって、乗り切ることができるかもしれないという考えがあります。私は、この第二の考え方にくみします。

近代化以前の伝統を、整理しておきますと、これはサムライ・エリートに対する農民・漁民・工人、商人、その他の小さい人々のもっていた伝統です。区分けしてみますと、第一が技術です。伝統技術と近代巨大技術とのそれぞれの特徴と両者の関係について、いまたくさんの議論がなされております。技術というのは衣食住の技術から農法、漁法等、生産の技術にいたるまで全部を含めております。近代技術をすてて、土着技術、伝統技術に帰るのではなく、それらがもっていた原則をどうやって私たちは近代の中に生かすことができるか、これが一つあると思います。

二番目は、人間関係における伝統です。とくにそのなかで家族の関係とか、地域の共同体、そして地域の共同体を中心とした地域の自治ということを、大きな伝統として私たちはもっております。中央集権制官僚機構というものにどのように私たちは対応していくことができるかということを考えるとき、伝統的な地域自治というものは非常に大事になってくると思います。

三番目は、これがきょう私がいちばん申し上げたい点で、民間信仰の問題です。とくに自然と人間の関係に関する信仰です。私たちは自然と人間とが共に生きるという信仰を、原始・古代から比較的持続して保ちつづけてきたと思うのです。そのことが近代の弊害を乗り切るためにもしかしたら役に立つかもしれない。これは迷信というふうに片づけることができないと私は考えております。いま私が調べてみたいと思っていることは、原始的といわれる民間信仰、ことに自然と人間との関係に関する信仰が、現代の最も先端の科学とされているエコロジー――自然生態学、および人間生態学、――の学問でいっていることと、表現はちがっても、結果として合致する面があるのではないかということです。ここまでが前おきで、日本近代化に関する私の考えを大ざっぱにのべました。

柳田国男と伊波普猷

これから女の問題へはいっていくわけですが、いま申し上げました伝統の技術、伝統的な人間関係、伝統的な民間信仰という三つの側面について、古いものをより深く保って、世代から世代へ伝えていく役割をいままで果たしてきたのは、日本の女でした。とくにその点において、沖縄県の女の方々がすぐれて伝承的な役割を果たしてこられました。私は浅学でございまして、沖縄のことを研究したり学んだりしたわけではございませんから、きょう沖縄のことを中心には申し上げられません。ただ、私たちが沖縄県の方々から何を学んだかということだけをここで申し上げたいと思うのです。柳田国男と伊波普猷《いはふゆう》と佐喜真興英《さきまこうえい》の三人の関係が大事だと思っております。沖縄を柳田国男がはじめて訪れたのは、一九二一年（大正十年）です。柳田が沖縄へいきたい、いきたいと思ったのは、伊波普猷に会うのが一つの願いでした。「大正十年一月は、沖縄に旅した、自分の生涯にとって画期的な時であった」と柳田はいっておりますが、それはいろいろな意味が含まれています。一つには、それより前、一九一四年に文部省が日本全国から民謡を採集して『俚謡《りよう》集《しゅう》』という本を刊行しました。それを柳田は読んでいたのです。そのなかの田植歌を読んでいたときに「をなり」という言葉が出てきた。「をなり」という言葉に、はじめて柳田は出っくわした。その田植歌のなかでは盛装をした田植えをする女という意味で使われていた。しかし、字引きを引くとそれは「炊事」「食物をつくる」という意味しかない。これはどうもおかしい。この謎をどうにかして解きたいというふうにそれ以来ずっと考えてきたのですね。ところが、一九二一年に沖縄にやってきて伊波普猷と会って、やっとこの謎が解けたのです。これは非常に大事なことです。伊波普猷の「をなり神の島」という論文がございますね、これはずっとあとの一九二七年になって雑誌『民族』に発表されたのでございます。私は沖縄の言葉の発音が悪いので恐縮でございますが、「ウナイ」をヤマトでは「をなり」、「ウィーキ」を「えけり」といいます。えけりは男の兄弟です。沖縄では「ウナイ＝ウィーキ」と女の方を先にするのに、ヤマトでは、「兄弟姉妹」と男のほうを先にいうということがこの伊波普猷の論文に書かれております。男と女が共に出てくるとき、沖縄では必ず女を指すことばを先にもってきて、ヤマトでは男を示すことばを先にもってくるというおもしろいことを伊波普猷はここでいっております。

沖縄では女の神様が男の神様の上位にあるということをいっております。日本の神話を見ますと『古事記』ではアマテラスがタカマノハラを統治しています。アマテラスは太陽であり、女のカミさまです。ギリシア神話では太陽は男です。「をなり神」というのは何かというと、女は男のもたない力をもっていることを示しております。男は腕力がありますね、これはたしかに認めなくちゃならない。男の人は勇猛心がありますね。勇ましい、猛々しい、勇気があって力がある。男はそういう勇猛心と腕力をもって弓矢とか、釣りをするときの竿とか、刀とか、そういうものをつくる。女は刀をつくることはできませんね。私は知らないけど、刀鍛冶が女であったというのはちょっとないと思うのです。女は刀をつくれない。弓矢をつくれない。釣り竿ぐらいならつくれるかもしれませんけれどもね、釣り竿は生産の道具で、刀は人を殺す道具ですから、道具として用途が非常にちがうと思いますが。ところが、男のつくったものを女が跨《また》ぐと、女は力をぜんぜん加えないでただファーッと跨いだだけでパッと割れるというのですね。そういうふうに信じられた。いまでも日本全国を見渡して、沖縄でもそうだと思うのですけれども、九州あたりでも、釣り竿とか、男のつくったものを女が跨いではいけないというタブーがございます。これはそうした信仰の名残りだと思うんです。なぜそうなるかというと、男の人は、女は自分たちのもたない霊の力をもっている、腕力ではなくて霊力をもっているから、霊の力によって一指もふれずしてものをこわすことができると考えたのです。そこで女を非常に畏れた。霊力のゆえに、女をシャーマンとした。神を祭る人として女を尊ぶということが出てきて、その力を信ずるために男の兄弟がなにか事業をしようとするときには、必ず女の姉妹のその霊力を借りて守護してもらわなくちゃならない、守ってもらうことによって男の人はその仕事を貫徹することができると、そういうことが「おもろさうし」や「琉歌《りゅうか》」やその他の様々の歌のなかに出てくるということを伊波普猷は書いているのです。これに大変学んだのが柳田国男です。

ちょっと考えてみますと、キリスト教の場合は女が司祭になることは、プロテスタントの場合には女の牧師さんがありますが、それでもまだ非常に少数ですね。カトリックの場合はいまでももめておりまして、女性解放運動の中で女を司祭にしろという運動が出てきておりますけれども、まだ女の司祭は認められておりません。

ところが、沖縄でも沖縄以外の日本でも伝統的に司祭は女であったんですね。シャーマンは日本では古い時代から、そして原則として女であったのです。日本全国にそういうことがあったんだけれども、とくに沖縄の場合には長く残っている。ノロとかユタとか、そういう形で残っているわけですね。そうした人たちの家族は母系制である。父系制がかなり普及したあとでも母系として女から女へと伝承されている。これが柳田が伊波普猷から学んだ第二の点です。

もうひとり、佐喜真興英、この方はわりあいと早く亡くなった学者ですが、『シマの話』『南島説話』、そういう本も書いておられますけれども、私が佐喜真興英にいちばん興味をもったのは『女人政治考』という本です。これは一九二五年に出版されました。柳田が序文で絶賛しております。のちに高群逸枝が『招婿婚《しょうせいこん》の研究』とか『母系制の研究』をあらわしました。母系制が日本では非常に長く続いた、父系制が中国からはいってきたのちも母系制はだいたい室町時代ぐらいまで続いたということを文献学的に証明した、画期的な本です。そして母系制というものが封建時代にも農民のあいだにはさまざまな形で続いていたということをいっております。高群逸枝が『招婿婚の研究』を書いたので、高群逸枝が「招婿婚」という表現を使い始めたように、私たちは思いがちですが、けっしてそうではない。佐喜真興英の『女人政治考』というこの本はもう絶版でございます▼(注)。私は古本屋に長いあいだ頼んでおいてやっと手に入れたのですが、その本のなかにちゃんと「招婿婚」ということが書かれております。私は沖縄の佐喜真興英が最初に、あるいはすくなくとも高群逸枝よりも前にいったことだというふうに理解しております。

シャーマニズムは、自然信仰としてのアニミズムにもとづいているわけです。人間が魂をもっていると同じように山も、川も、蛙も、ミミズも、石コロも、すべてのものが、人間と同じようにいっしょに生きていく。誰かが誰かを殺して生きるというのじゃなくて、誰かが上位に立ってそれを支配して、生きていくのではなくて、いっしょに生きていく、ともに成り立つような形で生きていく。対等なものとして扱おうという考えがまずあって、そして、もし風が霊をもっているならば、あるいは雨が霊をもっているならば、すべての人間は霊をもっているんだけれども、とくに霊位の高い人——女の人のほうが男より高いというふうに信じられていたのですが——が自然のなかにある霊を呼びさまし呼びかけていく。そして他の人間たちの願望、たとえば、もっとたくさんおコメがとれてほしい、いま雨が降ってほしいという願望を取り次ぐ。それがシャーマンであるわけです。そういうものとして女の力をみてきました。

「女の目には鈴を張れ」

そこまでは伊波普猷や佐喜真興英がちゃんと指摘したことなんです。その先を柳田が続けたのです。じゃ、女はなぜ差別され、見下し卑しまれるようになったか。沖縄のほうが差別は少なかった。ヤマトのほうが女に対する差別はより早く出てきて、そして強くなった、というふうに私は思います。なぜ差別されるようになったかというと、これは逆説的なのですが、柳田は男の人たちが女を畏れたからだ、そのもっている霊力を畏れた。だからなるべくこれたちはつまらないものであるといって、つまらないものであるかのように振舞った。ことに武家時代になってからそれが激しくなった。現代の女は自分自身の力に目覚めよといっています。沖縄にきたら女の人の目がキラキラ輝いていると思うのね。柳田国男が一九三七年に出版した『妹の力』という本があります。その本のなかで、女の目には鈴を張れということがいわれるけれども、時代時代によってどういうのが美人だというのはちがうのだ。封建時代は目が柳の葉のように細い。そして伏し目がちでしとやかなのがいいとされていた。ところが、いまはちがってきて、パッと目を見開いて人を正面から見る、クワッと見開いてキラキラした瞳が美しいというふうに最近はされてきた。

それでよくよく考えてみると、柳田家は女の子が多い。ひとりは亡くなられましたが、女のきょうだいが四人いたのです。娘たちをよくよく観察してみると、人間の目というものは小さくもできるし大きくもできる。だから生まれつき大きいというのと、生まれつき小さいというのの差ではなくて、それを大きくするか、小さくするかのちがいだ。そして小さいのが美人であるというふうにいわれていたときはなるべく小さくする、大きいのが美人であるといわれるとカーッと開く。それが本来の女の姿だというふうにいっています。沖縄にくると、女の目には鈴を張れみたいにすばらしく美しい目をしている女人ばかりなので、ああ、柳田はここでもその『妹の力』のヒントを得たなあと思いました。ですから女は目をショボショボさせてハイハイなんていってないで、なるべく自己の内面の力に自信をもって、目をパッと見開いて、男の人たちがしようとしている事業がもしいいものであるならば、――戦争とか人を殺したりするのはちっともいいことじゃないから、それだったらさせない――しかし、本当にいいことだと思うならばそれを助けてやる、そういうふうにしたほうがいいのだということをいっているわけです。これは柳田がつけ足したことです。

さて、私はもう一つそこでつけ加えたいのです。昔、女はだめで、それからいまはよくなったとか、昔、女の人は自由がなくて、いま近代化が進めば進むほど女は自由を獲得するとか、そういう考えは私はとても浅はかだというふうに思っているのです。その浅はかであるということのひとつの例を申し上げたいと思うのですけれども、たとえば、私は外国の大学にいって外国人に講義したりすることがありますし、日本の大学でも若い人たちと話していると大変誤解をしているのではないかということがあります。恋愛結婚というものはすばらしいものであって、それはアメリカさんがおもちくださったお土産でありますという見解があります。へーッと私はびっくりしちゃうんですね。恋愛結婚というものは日本にはなかったの、ときくと、昔は結婚といえばもう親が見合いをさせて、親同士が決める、そういう結婚だったんですよと教えてくれる。そんなもんですかね。それじゃ、こういう本を読んでください、ああいう本を読んでくださいといってすすめるのは、柳田国男や有賀喜左衛門や瀬川清子さん等民俗学者が書いた本です。封建時代といわれる時代もすべての人が見合い結婚をしていたわけじゃないのですね。ひと握りの武士たちが見合い結婚をしていた。それは政略結婚ですから当然です。ところが、農民たちは娘宿とか若者宿というものをもって、自分たちの好きな人が決まったらみんなにご披露して、それで自分たちの仲間の青年や娘たちが、ああ、この人たちはいいだろう、これなら結婚して大丈夫だろうと思ったら、親のところにそれをもっていくんですね、その若者たちのリーダーが。そして親に結婚させてやりなさいというと、親がハイといえばそれでよろしいんですけれども、いやだといったら大変ですね。いやがらせをして、祭りのミコシを担いでやらないとか、おまえさんのうちの前の道路の普請はしてやらないとか、おたくで人が死んでも墓を掘ってやらないという。これは大変ですよ、死んでも死なれませんからね。病人が出ても医者迎えをしてやらないといって脅しをかけるから、仕方がないという場合があって、親はそれに屈服しなければならない。柳田さんのお弟子の瀬川清子さんの最近に出された『若者と娘をめぐる民俗』（未来社、一九七二年）は、大きな本で日本全国の例を出しております。ことに離島の場合にこの習慣は非常に強く長く残ったということが書かれております。

ですから、恋愛結婚が昔なかったとか、女は不自由であったとか、不平等であったというのは、これ一つだけじゃありませんけれども、この非常に顕著な例を一つみてもこれはよく調べなければいけないというふうに思っております。見合い結婚して、親の承諾を得なければ娘や息子たちが結婚できなくなったのは明治の民法以降です。明治民法というのはサムライ方式が唯一の結婚の形である、隠居の方式である、財産配分の方式であるということを押しつけたんですから、それによって私たちは不自由になったのだと思うのです。

マイナスをプラスに転化する知恵

それで、私たちはどうしたらこの状態をつくり変えていくことができるかという問題です。実はいま婦人旬間ということになっていて、女の問題、ことに婦人労働の問題をいま考える時期にちょうど当たっております。それでこちらの婦人少年室から資料をいただいてまいりまして、おもしろいと思ったことがあります。労働力としての女ということなのですが、働いている女性の比率は全国的にはだいたい五〇%をちょっと割っております。四五・八%なのですけれども、沖縄県の場合には三八・三%という統計が出ております。これは私にはよくわかりません。というのは、実際にうかがってみると沖縄県では女の方が非常によく働いているし、共働きが全国的平均よりも多いということもうかがっておりますので、統計のとり方がちがうのかもしれないというふうに思います。ただ、おもしろいと思いましたのは、勤続年限を女と男とくらべてみると、全国平均は女が五年に対して男が十年なのですね。ですから女は二分の一でしかなく、勤続年限が短いということです。ところが、沖縄県の場合には女が四・二年で男が五・七年で、両方短いけれども開きが少ないということが、日本全国平均とちがう点です。

もう一つちがう点は給料、賃金の問題なのです。これも発見して私は驚いたのですが、昨日の新聞をみておりましたら社説に沖縄県の女子の給料は上がってきてはいるけれども、男を一〇〇とすると女は七六・六でしかないと書いてある。私は腰を抜かさんばかりにびっくりしたんです。どうしてかと申しますと、たとえば、アメリカの男と女の給料差ということについて申しますと、アメリカの女の給料のほうが日本全国の女の給料よりも男との差がいくらか少ないのです。アメリカ合衆国国勢調査局の統計によりますと、一九七三年には、二十五歳以上のフル・タイム雇用のアメリカの女の平均給料は、男の六〇%です。十六歳から二十四歳では、もっと開きは大きいのです。そうすると、沖縄県の女の方たちはアメリカの女よりも、男の給料に近いのです。日本の女性の全国平均は五六・一%です。ところが、沖縄県では七六・六%になっている。ということは、男女の開きが全国平均よりもはるかに少ないということなのです。これもどのように説明したらよいのか。女の力が沖縄県のほうが日本の他の地域よりも強い。そして男女の格差が少ないことを表わすというふうにみていいのかどうかということは、わたしにはまだはっきり分りませんが、なにしろ興味のある比較です。

　ところで、日本の全国平均から申しますと、女の人は責任のある地位にのぼれないということがあるわけです。これは沖縄県の場合と日本全国の平均とがどういうふうにちがうかという研究を私はしていないし、そういう統計は出ておりませんので、私にはわかりません。しかし、日本全国の平均を申しますと、だいたい千人以上の規模の企業で女が管理職についているのはわずか五％です。そして百人以下でやっと一八％です。ですからだいたいにおいて女は責任のある職掌《しょくしょう》につけないということです。それじゃ、もうみんな頑張って女は責任のある職掌につくのがいいのかどうかということは、私、これはよくわからないのです。なにしろ人をかきのけていくあの入学試験みたいに人のことなんかうっちゃらかして自分だけ出世すればいいと、そういうのはあまり感心しないことですし、男の原理ではないかと思うのです。現代の出世主義社会におされて、教育ママが多数出現しております。しかし、女本来の姿からいくと、自分の子も、他人の子も、いっしょにすこやかに成長してほしいというのが女の願いだと思うのです。

　そこで一つ、公害の問題に関連して、職場の婦人の実例を申上げたいと思います。最初に水銀汚染で、汚染された魚を食べて人が狂死したのは熊本県水俣市です。いま水俣では千二百九十九名が認定患者になっていて、そのほかに約五千名が申請中です。まだ続々と患者が現れております。水俣では汚染の責任について、なかなか決着がつかなかったときに、それよりあとに事件が起こって先に決着をつけた事例があります。新潟の昭和電工のやはり水銀汚染事件です。これは、第二水俣病といわれております。なぜ新潟では水俣より先に裁判までもっていくことができ、そして患者が勝つことができたかというと、新潟の昭和電工に勤めていた三人の女の従業員の人たちが内部告発にふみきったことが一つのきっかけを作りました。会社はタレ流しをしているということをはっきり証言したのです。アメリカでも内部告発はむずかしいけれども、これはできないことではないのです。ところが、日本は終身雇用制ですから、内部告発をすれば首を切られるでしょう。男の人はお手あげになってしまいますね。ですから男の方はそれに踏みきることはなかなかできないのです。ところが女は、いずれにしても長くとどまることができない。長くとどまってもいずれにしても管理職につくことができない。つまり出世階段を登ることができないのです。ですから私はこれはマイナスをプラスに転換していく知恵だと思います。女が男よりも強く踏みきることができるとすれば、それは女が現在の社会で差別されている、その差別されていることをテコにして、マイナスをプラスに転換するとき、女は社会に対して本当にいい貢献ができるのではないかということを、これは示していると思います。

市民運動の担い手

まだたくさん申し上げたいことがあるんですが、ただはしょってだけ申し上げますと、文化の伝承者としての女ということを考えますと、現在の日本の家族は核家族化されているということが、しょっちゅう国勢調査などの結果に出されております。たしかに形態の上では核家族になった。つまり夫婦と未成年の子どもがいるということに形態上はなった。ことに都市では核家族化が進んでおります。ところが、家族内の人間関係においては、いわゆる夫婦家族は、西欧近代でいわれている西欧夫婦家族ではないという証拠がいろいろ上がっています。いろんな世論調査をみてもわかるし、あるいはコミュニケーション・パターンの研究とか、さまざまありますが、そういう面倒くさいことはいちいち引きません。日本の伝統的な拡大家族というのは、親と子、とくに母親と子との関係が夫と妻、あるいは夫と子どもとの関係よりもより深く強い。それが伝統的な拡大家族のなかでの人間結合の形であったわけです。

ところが、いまの核家族のなかでも母と娘、母と息子の関係のほうが、夫と妻、父と息子、父と娘の関係よりも強いということなんです。感情の絆が夫と妻との間よりも、母と子のあいだにより強いのです。母にしてみれば息子や娘のいうことのほうが、夫のいうことよりも大きい影響力をもちやすい。それから子どもの立場からみると、母のいうこと、母の態度のほうが、父のいうことや態度よりも大きな影響力をもつということになります。そうすると、文化の伝承者としての女の役割というのは、この関係の深さに比例するわけですから、いまでもこれはアメリカの例やイギリスの例と非常にちがうのですが、核家族といわれている日本のいまの家族のなかでも、母が伝承の母体であるという状況はあまり変っていないのではないかと思います。

最後に、いま私は公害の問題を調べておりますが、公害反対の運動の中で、根のところにあって活動しているのは女の人たちだといえます。大ざっぱにいいますと、いま日本全国でだいたい三〇〇〇ぐらいの小さな市民活動、市民運動の団体、グループがあるとされておりますが、そのなかで、そういうものを分析して政治学者の篠原一さんがいわれたのですが、市民運動に関するかぎり女は全日制市民である。ということは、男はパート・タイムの市民であるということになりますね。女は職場ではちゃんとした職がなかなか得られなくてパート・タイムで働いているかもしれないけれども、市民として生きる、つまり生活環境をよくするとか、このなかには消費者運動もありますし、公害反対運動もありますし、基地反対運動もあります。つまり人間が生きていくことの環境をよくする、自分たちの子どもたちも含めて地域の人々の生命が守られるように環境を整えていくという形で運動していくのは、やはり女のほうが多いのではないかといっておられます。

私はきょうは日本の女の話ばかりしたのですけれども、これは日本の女だけではないのではないかということを最後に一言だけ申し上げて終りたいと思います。アメリカとかカナダの社会のなかにも女がいます。そのなかの女は白人の女もいますが、少数民族といわれて差別されている集団の女もいます。私たちの問題とより深く係わってくるのは、こうした白人社会のなかで差別されている人たちのあいだの女の問題ではないかというふうに思うのです。カナダにもいまやはり水俣病が発生しつつあります。汚染会社ははっきりわかっているんです。二つの居留地があって、この二つの居留地にこの夏、私はいってまいりました。そこで酋長の奥さんと本当にその日しかなかったんで二時間ぐらい話をしました。二時間ぐらい話をしているうちに私たちにとても近いものを感じました。かの女の名はジョゼフィーン・マンデマン。ジョゼフィーンは、産婆さんです。ご主人は酋長ですが、自分はトラックの運転手として日銭を稼いで生活を立てています。そして産婆はただで皆さんのためにやってあげる。この人は大きな女です。その人が海辺の巌の上に、黒髪をたなびかせて立ってわたしたちを迎えてくれたとき、アマテラスかヒミコはやっぱりこういう女だったかなと思う、そういう感じなんです。その人がいったことは、私は何歳に見えますか、私は三十八歳です。だけど、三十八歳に見えないでしょう。年とって見えるんです。それは黒髪をたなびかせてすばらしいけれども、本当は五十歳ぐらいに見えるのです。

「私は自分たちの子どもたち（自分の子どもといわないんです。）のことを考えると、この湖が水銀で汚染されてこれからずっと長いあいだ魚が食べられない状況を考えると、われわれインディアンがそのために職業を失ったということを考えると、とてもとても心配でこういうふうになりました。これから私たちが生きていく道は自立の道です。」

この自立という言葉が私の胸にこたえたんです。居留地のなかに囲い込まれていながら自立の道をいうのです。そして自立するためには何をしなくちゃならないかということ、

「私たちはまず畠をつくることを忘れました。白人の生活のように何でも買えばいい、野菜なんか買えばいいと思ったために忘れました。だからこれからもう一度私たちのおじいさん、おばあさんのところへいって、どうやって畠をつくったのかを聞いてきて、私たちはいま畠をつくっています。ビタミンCが足りないと汚染はひびくのです。体に悪いのです。体にビタミンCがはいっていると水銀汚染はわりあいと防ぐことができるんです。」

このことをちゃんと彼女は知っているのです。

それからもう一つ大事なことは、日本の水俣病患者とこの居留地のインディアンとが交流を始めました。そしてそのことによって彼らははじめて集団裁判に踏みきったんです。汚染の責任者であるドライデン化学会社（イギリス系）を告発したのです。いま補償金の

請求をだいたい千名ぐらいの連名で始めました。インディアンの居留地どうしは、おたがいに離れたところにあるのです。私たちは水上飛行機でいけば三十分ぐらいでいけるんですけれども、インディアンは水上飛行機なんか持たないでしょ。ですから歩いていかなくちゃならない。それは沼地でどうやって歩いていいかわからないようなところですが、かの女は、ホワイト・ドッグの居留地からグラッシー・ナロウズの居留地まで歩いていって連絡をして、この二つの居留地がいっしょになって裁判を開始したのです。いま時間の問題のお話がありましたが、どのくらい時間がかかりましたかと私が聞いたら、「ナンセンス」って私叱られたんです。ホワイト・ドッグから、グラッシー・ナロウズまで歩いてどのぐらい時間がかかるでしょうか、私は途方もないと思う。ところがかの女は、「時間というものはないのだ」と私に教えたのです。「私が歩けばあそこに到達する」といったのです。かれらの子どもや孫たちが生きていくために、一つの集団ともう一つの集団とを、つなげる役割を、この酋長のおかみさんが果したのです。「人が歩けば、そこに道ができる。」といったのは、たしか魯迅であったと思います。ジョゼフィーンは魯迅のコトバを実践したのです。

日本のなかの沖縄県の皆様方と東京に住んでいる私たちがむすびあうことは比較的やさしいのにそんなにまで結合していない。しかし、分断されているインディアンたちが日本の人たち、水俣の人たちと交流し、そのことによって隣の居留地と結合した。そして結合の結び目に女が立っている。これが女の力だとわたしは考えます。それが草の根のたくさんの小さなシャーマンとしての私たち女の力だと思います。どうもありがとうございました。

注

『女人政治考』のことを、はじめてわたしに教えて下さったのは、瀧川政次郎先生であった。一九六〇年であったと記憶する。一九八二年には、新泉社から、『佐喜真興英全集』全一巻が出版された。その中に「女人政治考」は収められている。

六　日本人の宗教生活の土着性と世界性

ただ今のご紹介で私がこの講演に大変適当だと言われたのですが、大変に適当でないと言うことを先ず申し上げたいと思います。新渡戸《にとべ》記念講演のパンフレットを拝見いたしますと、皆さまクェーカーでいらっしゃらなくても、少なくとも、キリスト教の信仰をお持ちになった方が殆ど大部分でいらっしゃいます。私は未信者でございます。それで、皆さまの前に立つことが大変恥かしいと思っております。そう言う気持も含めまして、今日はなるべくはねあがらないでお話をしたいと思います。

私が未信者でございますのに、友会の会員でいらっしゃいます皆さま方の前でお話をすることをお引受けいたしましたのは、感謝の気持からでございます。ただ今、石谷行《すすむ》先生がおっしゃってくださいましたように、丁度三年前、八十四歳で病人でございました父が、クェーカーのお仲間に入れて頂きたいという意志表示をいたしました。上代たの先生、渡辺義雄先生、今外国に行っていらっしゃいます山之内多恵子さん方のお世話で、皆さまにおはかりいただきました上で会員にしていただきました。このことを私は心から感謝しております。父自身も、そして私たちきょうだいすべてが本当に感謝しております。その感謝の気持でお引受けはしたのでございますが、皆さまのお心におちるようなお話ができるかどうか、おぼつかなく思われます。

父の宗教をめぐって

今日は日本人の土着信仰とキリスト教は、どう言うつながりがあるのだろうか、ないのだろうか、と言うことについて、考えていることを述べさせていただきます。その前に私の父と新渡戸稲造先生との関係をすこしだけ申し上げたいと思います。ちょうど、新渡戸先生が一高の校長におなりになられた時に、父が一高を出て東大に参りました。それで、一高でお教えをうけたわけではございませんが、東大におりました四年間、先生のお講義をきくと言うよりも、むしろ講演を伺ったり、お宅へ伺ったりする個人的なご指導をうけたわけでございます。そして、就職いたしますときにも新渡戸先生にお世話になりました。また、母との結婚も新渡戸先生がすすめてくださったのでございます。父が、はじめてアメリカに参りました時も新渡戸先生とご一緒に行かせていただきました。母方の祖父と新渡戸先生との関係もございました。私の祖母が和子と申しまして、後藤新平の妻でございます。祖父が銀婚式の祝いに、祖母に何を贈物にしようかとききましたところ、祖母はアメリカに旅行したいといったのだそうです。はじめてアメリカにゆくのですから、女一人でゆかせるわけにもいかないと思案していたところへ、ちょうど新渡戸先生の奥様がアメリカにお帰りになられる時でしたので、祖母は新渡戸先生の奥様につれて行って頂きました。おかげで、アメリカ旅行の念願が叶ったのでございます。こんなふうに、家庭的にも非常に新渡戸先生ご夫妻に、皆がお世話になっております。私の父は二十七年新渡戸先生のご指導をうけたと言っております。父が学生時代に先生にはじめてお会いしてから、先生がバンクーヴァーでお亡くなりになられるまでちょうど二十七年でございます。ところが、それが二十七年かぎりのおつき合いでなかったということが証明されたのです。と申しますのは、父が友会に入れて頂きました経緯を申し上げてみましょう。父は今から二十年余り前に遺言を書いておりました。それによりますと、葬式は禅宗で行うことと言う一項目が入っておりました。私どもはそのつもりでございまして、そのように禅宗のお寺のご老師にもお願いしてあったのでございます。ところが病気になりましてから十年目のある日、見舞にこられた鈴木修次さんが、「先生の宗教は何ですか」とおたずね下さいました。父は失語症でございまして何も言えませんから、葬式は禅宗と書いてありますとそばから私がお答えいたしました。そうしましたら父が、それは違うと言ってきききません。そこで私は大変おどろきまして、宗教の名前を次々にあげて行ったのです。これも違う、あれも違うと言っているうちに、それではと考えてクェーカーですかと言ったら、そうだといいます。非常に喜んでそうだと言うのです。でも病人のことですから、よくわからないと思って、だいたい一ケ月位毎日その話をして確かめたのです。そうしましたら一ケ月の間、全く同じ答えがかえって来たのです。それで大丈夫だろうと言うことで、先程お名前をあげた先生方にお願いしてお話をして頂いたのでございます。どうして今まで禅宗だと言っていたのにクェーカーだと突然（私としては突然と思われたのです）言い出したのかとたずねましたら、利くほうの左手で大きく円を書いてから、まん中を指さしました。病気になって寝込んでから、いろいろ考えたけれども結局ここにたどりついたと言う意味ですか、とききましたら、そうだ、とうなずきました。そこで、どうしてここにたどりついたのですか、それは新渡戸先生のご感化ですか、と聞きましたら、「そうだ」と非常に深くうなずいたのです。それで私はなるほど、先生が生きておられる間のおつき合いは二十七年であったけれども、先生が亡くなられてからも、ずっと先生のお教えは父の中に生き、より深化していたのだということがわかりました。それは六十年間のおつき合いであったのです。人間が残した影響力というものは、特に青年期に受けた影響力というものは、これ程までも強く、六十年たって芽をふくものかと感じ入りました。先生のご感化をうけてクェーカーに入信なさった方が沢山あったのに、父は先生が生きていらっしゃる間は、もっと現実的なことにとらわれていたと思われます。聖書も一生懸命読んでいましたし、キリスト教の勉強もしていたと言うことを、父をその頃知っていて下さる方々から伺いました。勉強はしたけれども本当に自分が信仰をもつには到らなかった。それが六十年経って人生の最後になって芽をふいたわけです。若い時の教育の効果は恐ろしいものだと思います。

父が先生から受け継いだものは何かと言うことを、父は父なりに新渡戸先生の思い出の中に書いております。私なりに考えてみますと、父が先生から受け継いで、それからさらに、私たち子どもが受け継いでいるものがあるように思います。私は自分自身が新渡戸先生から直接のご指導を頂くということはなかったのですけれども、やはり父を通して与えられた課題があるという風に私は思っています。それは、今日ここに掲げました土着性と世界性との心の中の葛藤と、どのようにして切り結んでいったらよいのか、というテーマではないかと思います。高木八尺《やさか》先生が東京女子大学で、〝新渡戸稲造の宗教を中心にして〟と言う講演をなさいまして、その講演の印刷されたものを拝読いたしました。その御文章によりますと、新渡戸先生のお小さい時は家庭の中にはキリスト教的雰囲気はなかった。父方は現実的傾向、お母様の方の影響はむしろ土着宗教的といいますか、祖先崇拝と言うものであった。ところが札幌で、何かのきっかけで英語の聖書を買って読んだと言うようなことも書かれてありましたが、後に札幌農学校でクラーク博士の影響でキリスト教に正式に入るようになられた。このような経歴が書かれていました。新渡戸先生はそうしたご経歴から言っても、それからお仕事を通じてみても、一方では日本の国の中に生れた信仰や考えと、他方では普遍主義のキリスト教との間に立ってさまざまの経験をなさったと思います。特に高木先生が強く主張していらっしゃるのは新渡戸先生はお母様を失われた悲しみの門を通ってキリスト教に深く入信されたということです。ご自分の悲しみの体験が一番強い動機だと書いておられます。そう言うことを考え合わせますと、新渡戸先生の中に土着性と世界性との葛藤があったであろうと思いますし、そしてそれが私の父自身の中にもありました。それをまた私が受け継いでいるわけです。それぞれ、ちがう仕方でその葛藤を解決してゆく、しかし問題は一貫して流れていると言う風に考えています。その意味で今日こう言う題をつけました。

わたくしのように宗教のないものが、宗教のお話をするのはおこがましいのですが、宗教ということを、広い意味で解釈させていただきます。私はカトリックの学校に勤めておりますが、神父様やシスターの前でも、キリスト教だけが宗教ではないと言う考えを申し上げております。宗教の定義について、私が一番頼りとするのはデュルケームです。デュルケームは、宗教はどんな社会にもあると考えました。人間が集団として生きているところにはかならず宗教がある。原始未開の人々の間にも、文明の進んだ人々の間にも、人間が集団をつくって生活するかぎり、そこに宗教はあるという風に言っております。聖なるものと俗なるものとを区別する感覚をもっていない人間はいない。俗というのは日常の生活ですが、聖なるものというものは非日常的、異常なるもの、超自然的なものです。日常的でないものを、日常的なものから区別し、それを畏れ、うやまい尊敬する気持をもっていないものはいない。聖なるものについての考えが宗教の教義である。聖なるものに対する行ないが儀式であると言っています。その儀式をとり行なう聖識者がいる場合といない場合とがある。クェーカーの場合は聖識者と呼ばれる人がいない場合だと思います。しかし、信仰を共にする集団のない場合はない。集団がなくて、個人が、神様との取り次ぎをする人をたのんで、秘密に儀式をとり行なう場合は、マジックの方に近くなります。信仰者の集団は教会という形をとるかもしれない、とらないかもしれないが、必ず同信の集団があってその信仰というものが公開で行なわれている場合、それを宗教と言うとデュルケームはいっています。こう言う風な定義をすれば、宗教をもたない人は社会の中にはいないと言うことになります。宗教ということをもっとわかりやすく、普通に考えてみることもできます。宗教は人間が死ぬということから発生しているのではないかと私は考えます。人間が全然死なないようなものであれば宗教はなくてもすむのかもしれません。しかし人間がどうしても死ぬということがある以上は死について考えることになり、それが宗教につながるのだと思います。そうであれば誰でも宗教をもたない人はないといえるので、私のような人間でもキリスト教の信仰は未だもっていないけれども、宗教について幾分か語ることはできるだろうと、そんな風に考えているわけでございます。

新渡戸先生と柳田先生と郷土会

土着性と普遍性ということにもどりましょう。新渡戸先生が土着性と普遍性のあいだを、埋めようと努力されたさまざまの形跡があります。その一つは柳田国男先生と新渡戸先生との関係であろうかと思います。柳田国男を探究することを通して、日本人のものの考え方や宗教や、人間関係をさぐってゆくことができるのではないかと私は考えています。一九一〇年（明治四十三年）から一九一九年（大正八年）のころまで新渡戸先生のお宅で、郷土会の会合が六十数回開かれています。柳田先生の年表によりますと、殆ど毎月集っておられたようです。このことが柳田先生と新渡戸先生との一つのつながりです。新渡戸先生と柳田先生は非常に違うようにみえますが、出発点が似ています。新渡戸先生はもちろん農政学者、農業博士でいらっしゃいまして、日本の農政学の草分けです。柳田先生も農政学者として出発しています。お二人とも、日本の農村をどうするかということに、非常に関心をもっておられました。

　新渡戸先生は、その御著書『農業本論』の中で、「地方学《ジカタ》」の必要を説いておられます。「今にして我が地方学の研究に尽瘁するなくむば、絶を紹ぎ廃を発するの效、復た収むべからざるものあらむとす。議論茲に至りて、余は大に斯学の必要を呼號せざるべからず。……回顧すれば明治維新、国是一変して萃を英仏に汲み、華を米独に咀み、従来の制度を種々刷新して、或は村落の分合を行ひ、自治制を布けるが如き、因って以て従来の田舎社会を全然壊敗し了らしめ、我が地方学の研究に一大錯雑を来すに至りぬ。」（『農業本論』、石黒忠篤、「新渡戸先生と郷土会」、『新渡戸博士追憶集』、一九三六、三七四ページより引用。）

　地方学とは英語の〝Ruriology〟のことだと新渡戸先生はいっておられます。柳田先生は、「地方の学」というようによばれました。郷土の村の地形や、歴史や、産業や民俗を具体的に調べる学問のことです。明治以来、地方自治制が布かれ、市町村合併がおこなわれ、これまでの生活単位であったむら共同体がこわされてきました。小さなむらをいくつか一緒にして、町にしたり市にくりいれたりしたからです。昔の村は大体三十軒ぐらいの小さな生活単位で、お互いがよく知りあっており、共通の歴史と、慣習と産土《うぶすな》の神社の信仰によって結ばれていたわけです。ところが、神社合祀令などという法令を作って、一つの町、一つの市には、一つしか神社があってはならないというような命令を出して、村の人たちが長い間親しんできた産土の社を全国的に取りこわした時期がありました。土着の民間信仰を破壊し、郷土の生活をこわし、村人たちの連帯を崩していきました。地方自治制度という名目の下に、かえって地方の生活を破壊して中央集権化していったわけです。市町村合併と神社合祀《ごうし》令に反対した柳田国男や、南方熊楠《みなかたくまぐす》と、新渡戸先生は、共通の立場に立っておられたわけです。

『農業本論』から先に引用した文章をみますと、「萃を英仏に汲み、華を米仏に咀み……因って以て従来の田舎社会を全然壊敗し了らしめ」といっておられます。あっちのお手本をいろいろもって来て、日本の伝統的な生活慣習をどんどんこわしてしまうのは、困ったことだ、といわれています。国際性、世界性を強調された先生が、こういう議論をしておられるのは、一見意外の感じがいたします。ところが、そのところが、私には興味深いのです。というのは結論から申し上げると、本当に世界的になる、本当に国際的になるというのは自分の生れた土地、自分の生れた国の文化を本当に身につけ、そしてそこに根をはって、はじめて国際性をもちうると言う思想の一端がここにあらわれているように思うからです。

上からの郷土生活の破壊は、大変困るから、夫々《それぞれ》の小さな自分たちの郷土の事情を調べるような研究をしたいと述べていらっしゃる。柳田先生が同じような志をもって郷土会という研究会を開いていらっしゃった。この研究会は、最初は柳田先生のお家でやっていらしたのです。ところが新渡戸先生が自分も同じ考えだから、それでは自分の家で開きましょうと言って下さって、柳田先生の家から新渡戸先生のお宅に一九一〇年に移ってゆくわけです。その会員の中には那須浩さんとか、石黒忠篤さんとか、創価学会の創始者の牧口常三郎さんとか、百姓一揆の研究家で農政史家の小野武夫さん方もおられました。柳田先生が記録係で、郷土会での話を記録して出版されました。その本の序文に柳田先生が新渡戸先生のことを書いていらっしゃいます。

新渡戸博士が大戦争（第一次世界大戦）の終頃に、外国へ出て行かれたことが、会の中絶した主たる原因であった。と謂ふのは博士がその静かにして清らかな住居を、いつも会の為に提供せられたのみでは無く、又至って注意深く参集者の世話を焼かれたので、誰も彼も少しでも早く、次の会日の来ることを願って居たのが、もうさう言ふことが無くなったからである。他の会員の家などで開かれた場合には、とてもあの様な行届いた亭主役は勤められなかった。例へば会の食事なども、いろいろ皆の悦ぶやうな用意をして置いて、先生は我々が安んじて食べるやうに、わざと名ばかりの会費を徴せられた。又成るたけ話がはずむやうに、色々の珍客を臨時に招いて置いて、至って自然に新らしい刺激を与へられた。此会の幸福だけから言ふと、博士が色々他の方面に於ても、大切な人で無い方がよかったのである。（柳田国男、「郷土会記録」『柳田国男集』、第二十三巻・筑摩書房・一九六四、一〇八ページ。）

こう言うわけで郷土会の生みの親は柳田先生、育ての親は新渡戸先生だったのです。郷土会の機関誌として「郷土研究」と言う雑誌が出ております。それが後に「民俗学」に発展してゆくわけです。今日柳田国男先生のお仕事はブームになっておりますが、柳田国男の民俗学は新渡戸先生を育ての親としたといえます。このことを私は声を大きくして申し上げておきたいと思います。

新渡戸先生と柳田先生のつながりは、もう一つあります。新渡戸先生は国際連盟の事務次長として一九二〇年から一九二六年まで、ジュネーブにいらっしゃいました。郷土会を通して新渡戸先生と柳田先生が親しくなられたのですが、柳田先生は、一九一四年に貴族院書記官長になられて、一九一八年にやめておられます。役人をおやめになったので、ちょうどよいと言うこともあったのでしょう、新渡戸先生のご推挽で柳田先生が国際連盟の委任統治委員としてジュネーブに招かれました。一九二一年から一九二三年までの二年間を柳田先生はジュネーブを中心としてヨーロッパ旅行をしています。柳田先生に世界への目を開かせたのは新渡戸先生だという風に言うことも出来ると思います。そして柳田先生は、役人生活をやめてそれからしばらく朝日新聞の論説委員をして、そしてだいたい十年位のあいだに民俗学に専念してゆかれるのですけれども、役人生活から民間の学者として民俗学一筋にやってゆく転機の時期に、もっとも強力な協力者であり、そして支えとなったのが新渡戸先生であったと言えます。そういう意味でも土着性と世界性の両方にまたがって新渡戸先生が柳田先生に影響を与えていられるという風に言うことができます。

日本人の宗教生活

前置きがずいぶん長くなったのですが、そこでそれでは日本人の宗教生活と、それからキリスト教とはどう言う関係があるのだろうか、二つの宗教の間には、どういうむずかしさがあるのだろうか、という問題について私が考えていることをお話したいと思います。国際部の大学院にダーナーさんという（David L, Doerner）神父さんがいらっしゃいます。ダーナー神父は修士論文におもしろい問題を思いつかれたのです。どうして日本人にはキリスト教が入らないのか、明治百年になりますけれども、キリスト教を信じている人の率は非常に低い、仏教の場合にはよく日本の土着の信仰を研究し、土着の信仰に適応していった。ところがキリスト教者は仏教の研究はやるのです。儒教の研究もする、国家神道も一応研究するけれども、土着の民間信仰については今まで研究していなかった、ということに思いを至したわけです。それで、この方はだいたい百世帯位の教会をもっていらっしゃいます。その百世帯の中から一人ずつえらんで、インタヴューをしたのです。ダーナー神父は、柳田国男先生や、堀一郎先生の書物を読んで、日本の土着信仰について勉強をしました。そして、そこにあらわれている民間信仰がカトリックになった人々の中に生きているかどうかを調べたのです。日本の土着信仰とカトリックの信仰とは非常に違います。たとえば、自分が死んでからどこへ行くか、自分の祖先はどこへ行ったか、祖先と自分との関係はどうか、ということについてはずいぶんちがいます。そこで、ご先祖様はどこにいらっしゃると思いますか、と先ずきいたわけなんです。神父様がおききになるのだから正直な答えが出ないだろうと私は思ったのです。ところが驚いたことには、信者は正直に答えているのです。少なくとも正直だと私にはみえる答えが出たのです。この神父様はアメリカ人ですが、日本語がよく出来ますから、すべて日本語できいているのです。百人の中のわずか三人が天国にいると答えました。あとは皆地獄にいると答えたかと言うとそうではない。六十一名は身近にいます、身のまわりにいます、そしていつも私たちを守って助けて下さいますと答えました。それから十六名はわかりませんといいました。圧倒的多数が柳田先生のいわれる土着信仰を表明したのです。遠くへはゆかないのです。キリスト教の天国でも地獄でもすべて人界から超絶したものです。死んだ人は人界から超絶したところへゆく。少なくとも遠いと言う感覚になるわけです。仏教も遠いところへゆくと信じられています。極楽浄土でも、あるいは地獄でも、遠いところなのです。ところがカトリックの信仰をもっていると自ら考えている人たち、神父さんも認め、自分も認めて教会に常に来る人たちの六十一パーセントが、死んだ人は自分の身近にいると考えているのです。その次に、ご先祖様のおまいりにいつゆきますか、と質問しました。そうしたら、大部分がお彼岸とお盆と答えています。お彼岸が二回あって、それにお盆と正月をあわせて四回全部ゆくか、あるいは四回の中の一回か二回お墓まいりするのが日本人の習慣です。とにかくこれはカトリックの考えと非常にちがいます。神父さまの仰言るのにカトリックでは死んだ人のためにミサをあげるのは十一月二日で、十一月二日は一括して死者のためにミサをたてるのだそうです。ところが十一月二日と答えた人は百人のうち二人しかいなかったそうです。それも神父様の顔をみて、そうでしたっけねえと言いながら十一月二日と答えたそうで、すぐに十一月二日と言う答は出てこなかったそうです。この百人のうちの大多数はこの十一月二日のことは知らなかった。ご先祖様はお盆とかお彼岸とかお正月などに帰っていらっしゃるけれども、その時だけでなく、いつでも呼べばかえっていらっしゃると言うのが、日本人の従来の信仰です。それでいつでも身近にいて相談にのって下さるという信仰が、カトリックになっても失われていないということなのです。第三に神父さまは、あなたが死んだらどこへゆくと思いますか、とききました。圧倒的多数が「わかりません」と答えました。こうなるとこのカトリックの神父様は教育が悪いのではないかと思われるかもしれないけれども、私はいい教育をしていらっしゃると思う。教育がいいから神父様とあい対でこういうことが正直に言えるし、なんの矛盾も感じていないと言うところがおもしろいわけです。聖書も読んでいるし、説教もきいているし、公教要理も教えられている。ところが、本当に考えていること、感じていることをきかれると、このように答えるのです。若い人たちは、世界的にみて不可知論者になっています。キリスト教国の青年たちでも、自分が死んでから天国にゆくなんて、ちょっと言えないと思っている人が多くなっているのではないでしょうか。東南アジア諸国のキリスト教者の青年の中にも、自分が死んだらどこへゆくのかわからないという答えが多いのです。これはアジアだから多いのか、それとも若い世代には全般に多くなってきたのか、よくわかりませんが。

家の中でご先祖をどこにお祀りしていますかという質問に対して、「仏壇」と答えたのが、百人のうち二十七名あります。それからクリスチャンのシンボルの十字架をもった仏壇に祀っているのが十名。キリシタン時代のマリア観音のようなものです。もう一つ神父さんが書いておられることでおもしろいのは、キリスト教と土着信仰とのちがいは、生きがいの問題についてありはしないかということです。公教要理では、神の栄光をこの世にもたらすために、人間はこの世に生きている。そして死んでから神とともなる幸福な生活に入ると教えています。神のみさかえを、この世にもたらすことが大きな人間の生きがいであることを教えている。ところが、土着宗教にはそれに対応するような生きがいの教えがあるのでしょうか。あなたの生きがいは何ですか、あなたの人生の目標は何ですか、と百人のカトリック信者に対してきいたところ、神の栄光をこの世にもたらすためと答えた人は非常に少なかったのです。公教要理ではそのように教えているにもかかわらず、どのように答えたかと言うと、結婚をするとか、新しい家をつくるとか、大学に進学するとか、いい就職をするとか、子供は何人ほしいとか、すごく身近なことを人生の目標としているのです。神父さんは本当にショックを受けたらしいです。日本の土着信仰は、人生の目標を啓示しない宗教なのではないか。具体的な現世的なオリエンテーションしかもたないのではないか。もっと調べてみたいとこの神父さんはおっしゃっています。以上はキリスト教の側からみた日本の土着信仰です。カトリック信者だと自他ともに認めている人たちの中に、これほどまでに日本の土着信仰が根強く残っていることは、かなり重要な問題だと私は思います。

日本のキリスト教

私流の解釈をいたしますと、これは「多重構造」ということです。神道自体がすでに多重構造です。国家神道と民間信仰としての神道とは別のものです。国家神道によれば、天皇の祖先と人民の祖先は同じだということになっています。これに対して自分の家の祖先を大切にするのが民間信仰です。同じ神道という名前で呼ばれているけれども、もともとは違うものです。七世紀に仏教が入ってきたときに、神様と仏様は元は同じだといって、習合しました。儒教が入って来ると神道も仏教も何もすてないで、儒教を受容れました。十六世紀にキリシタンが入ってきたときは、はじめてこれをはねのけました。マリオン・リヴィー（Marion J. Levy, Jr.）という社会学者によれば、宗教は大きく分けて二つの種類が考えられる。排他的宗教と非排他的宗教とです。一つの神を信じたらその他の神を同時に信じることはできない。もしそういう人がいたらそれは偽善であり異端であると糾弾されなくてはならないと考える。そのような宗教を排他的宗教とよびます。キリスト教、マホメット教、ユダヤ教など、西欧の宗教がそれです。これに対して非排他的宗教とは、同時に異なるいくつもの神を信じることを許します。矛盾するような宗教を同時にとり入れても、ちっとも矛盾を感じない。神道、仏教、儒教、ジャイナ教、ヒンズー教などは非排他的宗教で、みな東洋の宗教です。十六世紀にキリシタンが入ってきたときに、日本はそれまで非排他的宗教ばかりであったところへ、はじめて排他的宗教が入って来たわけです。それで拒絶反応をおこしたという言い方もできます。ところが、明治以後のキリスト教は非排他的宗教化されてしまったのではないでしょうか。

たとえば、内村鑑三が教育勅語《ちょくご》が学校に配られ、奉戴式《ほうたい》があったときに、勅語に拝礼しなかった、そのために教職から追放されるという事件がありました。内村鑑三は非排他的宗教としてキリスト教を信じたわけです。しかし他方キリスト者であっても、靖国神社にもおじぎをする。皇大神宮にもおじぎをする、あらゆるものにおじぎをする人もあります。非排他的宗教としてキリスト教を受け容れているわけです。このように、多重構造的にあらゆる宗教を受容れる地盤が日本にはあるといえます。それが、いいことか、悪いことか、これは問題です。それはいけないことだから、キリスト教の本来の形である排他的宗教として受容れなければいけないと言うこともできます。しかしそれでは、キリスト教は少数のエリートに限られてしまうのではないかと思うのです。実証的にみますと、キリスト教をも多重構造的に受容れてきたし、現在も受容れているということが、先程のダーナー神父様の調査にもはっきりとあらわれています。土着の信仰が、今でもこのように根強くのこっているという発見はおどろきでもあります。しかし、大切なことは、そのように古い信仰や感情や考えを、通路としてでなければ、私たちは価値転換をおこなうことができない、ということをも指し示しています。友会の皆さまのなさっていらっしゃる非暴力平和運動に、私は絶大な敬意を表します。軍国主義から平和主義へ、国家志向から人類志向への転換に、多くの私たち日本人は外来の宗教や思想を借りることによってよりも、わたしたち自身の中にある古いものを通しておこなわれるのではないか、と私は考えております。

第二次世界大戦で日本が敗けてから、連合国によって戦犯裁判がおこなわれ、一千六十八名の旧日本軍人と軍属が、A・B・C級の戦犯として、刑死したり獄死したりしました。そのうち七百一名が遺書を残しました。(巣鴨遺書編纂会、『世紀の遺書』、一九五三年。)私はその遺書をよんで深く教えられたことがあります。第一に、何人かの人たちは、獄中でキリスト教に改宗したとのべています。それによって、心の平安を得たことを感謝しています。そして、自分の霊は天国へゆくのだといっています。ところがおなじ家族あての遺書の中で、死んだら、極楽浄土へゆく、とも書いています。そして最後に、自分は日本を遠く離れた外国で死ぬのだけれど、自分の魂はなつかしい故郷の家に還って、いつまでもいつまでも家族を守ってあげるから、心配するなといっているのです。死後の魂は、キリスト教の天国へもゆくし、仏教の浄土へもゆくし、民間信仰にしたがって故郷の自分の家に還って、そこで家族を見守るというわけです。前にのべましたダーナー神父様の調査の結果とよく似ています。自我が多重構造になっているのです。このような遺書はいくつも発見できました。

第二に、自分が戦争で、現地の非戦斗員である男女や子どもたちを殺したことに対して、罪を悔い、そこから反戦、平和の立場に立つようになるという仕方で、価値観が変っている例は、ほとんどないのです。戦争裁判がうち出した「人類に対する罪」を犯したという反省もほとんどありません。しかし、わずかではありますが、軍隊を批判し戦争に反対し、平和の立場に徹するように、自分の子どもたちに諭《さと》している遺書がいくつかあります。その人たちが、戦争を支持し、生命がけで戦争を遂行する立場から、戦争反対の立場に立つようになったのは、自分の家族への愛からなのです。自分が戦争に行き、そのために死刑になるのだから、そのために自分の親や兄弟や子供や妻を悲しませる、苦しめる、それは悪いことだ。それが悪いことだからそうした戦争をしないように、あとに残された子どもたちは、これからどんなことがあっても、反戦・平和で生きてくれというのです。これは非常に不思議なのです。通路は家族主義です。非常に狭い通路を通って非常に広いところに出て行く。戦争支持から戦争反対への転換は、殆どすべて一貫して狭い家族主義を通路としています。そして広いところに出て行ったときにはじめて人類共同体というものに気がつくわけです。「人類はお互に殺し合ってはいけません」とお父さんが子どもに書き送っています。しかしはじめに人類という観念から出発して、人類が殺しあう戦争はいけない、と考えたわけではないのです。むしろ家族を通路として、人類へつきぬけたのです。子どもたちには自分のいまわの気持を守ってこれからは絶体戦争に反対するようにと、遺書を書いている、そして子どもたちは、一つ、軍人にならない、二つ、警官にならない、三つ、通訳にならないようにと諭しています。（通訳が沢山処刑されているからです）人民から恨まれるような職業につかないようにと言っているのです。軍人になれと今まで教育されていた人たちが、今は、人をいためつけ、人を搾取し、人を苦しめる、そして人に恨みをかうようなことをするなというように変っているのです。これは家族への愛という、最も個別的な感情の通路を通じて人類とか普遍とか言うことに到達した一つの例であると思います。（鶴見、「極東国際軍事裁判—旧日本軍人の非転向と転向」、『思想』、一九六八年八月号、一一一—一三六ページ。）

日本人の土着信仰は、家族を中心とした祖先崇拝ですが、その家族中心主義をとおして、人類志向に到る道があるということを、申し上げようとしたのです。

普遍への道

最後に、このように通路はことなっても、普遍主義に到達できるのだとしたら、キリスト教の普遍主義と、祖先崇拝＝家族中心主義とを通って到達することのできる土着信仰の普遍主義とは、おなじものかどうか、について考えてみたいと思います。デュルケームが宗教を定義する時に、聖と俗との区別という考えを使ったことは、すでにのべました。キリスト教の場合は、聖は俗から超絶していると考えられています。聖が俗になったり、俗が聖になったり交換することがない、ただキリストがそこに一回かぎりの降誕をして神の子であると同時に人間のペルソナとしてあらわれた、それによって人間の罪を荷われた、それはただ一回かぎりのことなのですね。キリスト以外の普通の人間が神になることも、神が人間になることもないわけです。ところが日本の場合は、聖と俗、異常なものと日常的なものとは、交換可能なのです。日本人は死ねばみんな神になる。そしていったん神になったものは、ふたたび人間に生れかわることもできる。この聖と俗との交換可能性が日本の民間信仰とキリスト教の大きな違いではないかというのが第一点です。死者と生者とは対話ができる関係にあります。死者と生者とは、おたがいに助けあうことができます。死者と生者との連帯の関係ということが民間神仰とキリスト教の違う点だと考えます。

その次にもう一つ違う点はペルソナと言う問題だと思いますが、これは私にはよくわからないのです。神がペルソナであるから愛があると言う、そういうことは私にはわからないのです。日本の土着信仰から言えば、神というのは何でもいいわけです。山には山の霊があり、水には水の霊がある、かまどにも神さまがいる。ここに燃えている火にも、やかんにも神さまがいるのです。そういう神々にはペルソナがないわけです。それでキリスト教の神が非常にわからないわけなんです。高木八尺先生が新渡戸先生の宗教を論じられた文章の中で、新渡戸先生は様々の東洋の宗教に通暁《つうぎよう》しておられ、そういうものをよく理解しておられる。しかし、ペルソナを持たないという一点で、新渡戸先生は東洋の宗教を批判しておられると最後に書いてあります。そこをちょっと読んでみます。「われらは老子を読み、仏典を学び、東洋の神秘思想をさぐることにより、購い、救済の観念に間近かまですすむ、しかも究極への到達を欠く思いがある、われらは確かに多くの光明をみた、しかも一つの枢要なもの、すなわち全く活ける人格をみなかったのである。」つまり東洋思想の中では、神がペルソナではなく、したがって「全く活ける人格」であるということをどうしてもみることができない。そこが欠けているのだと言っていらっしゃる、これが問題になると思います。

私が最近考えたことを二つほどつけ加えさせていただきます。私がおります上智大学は、四年前に全共闘運動が激しく行なわれていました。機動隊を導入してこれが弾圧されました。そうしますと、全共闘運動にかかわって来た学生たちは挫折感をもちました。そう言う挫折感をもった学生たちが、私のゼミにもおります。きのうのゼミでは二人の学生が報告しましたが、その報告の題は「神・救済・自然」と言うのです。自分の心の中をずっとみて行って、運動をやっていた時は、自分の中に根拠がなかった、挫折することで根拠がないことを知った、今までの思想は借物であることがわかった、本当に自分の内なる存在にそれは合致していなかった。そうするとその内なる存在とは何か、内なる根拠とは何かとなると未だわからない、わからないから求めるわけです。報告をした学生は滝沢克巳さんの本を読んでいます。知識とか能力とかそういう外側のものに頼ることは如何にはかないかということがわかった。そして内なる自分の根拠にかえらなくてはならないと書いてあったところに非常に惹かれたのです。能力とか知識に頼れば必ず、能力のない人、知識のない人を軽べつすると言うことになるから、これはいけないのだということが、よくわかった。しかしそれでは内なる根拠とは何かというと自分にはまだつかめないけれども、しかし何かそこにはあるのではないかと言って、追求していって、「内なる自然」という考えに達します。

またある学生が、お父さんが反対するのを押し切って学生運動をやってきた。ある夜お父さんをよく見ていたら、お父さんが年とってきたことに気がついたという実例を書いております。お父さんがいつの間にか年をとっていたということを愕然として悟ったときに、これが人間の自然ではないかと気がついた。人間の力で何でもできると思って思いあがっていたのだけれど、人間の力でとめさせることのできないことがそこにあるということを発見する。数学者が一生懸命数学の問題をとこうと思っていたときには、とけないでいたものが、ある日天啓のように向うから正しい解答がやってくる。向うから光りがさしてきたときに自分が正しい答えを出している。そういう自然の法則の発見は自分の力でできるものではない。何か、そこにリアリティがあって、そのリアリティが自分の方へ近寄ってきたときに自分が気がつく、そういうことがある。動かすことのできないリアリティというのを神というのかな、というようなことを、きのうの学生が出してきたのです。その人は神ということについては、まだわからないといっていますが、最後にキリスト教の神が仏教の仏を否定することもできないし、仏教の仏がキリスト教の神を否定することもできない。それは同じものを、究極のリアリティというものを、様々のかたちで言いあらわしているのではないか。様々のかたちで人々が体験する、それが仏とか神とか自然とかという風なかたちになるのではないかと言っていたのです。ここにも非常に日本的な非排他的宗教の態度があらわれていると考えます。

今日、新教と旧教と両方の中から、エキュメニカル運動がさかんになっております。日本人の土着信仰は、ペルソナというものを感ずることができないという点で、キリスト教の側からみれば、一つの限界を、持っているにちがいありません。しかし、その非排他的宗教的態度は、様々のちがう信仰をもつ人々や、信仰をまだもたない人々との間の対話が可能であるし、そしてその対話をすることによって、よりよく人類の普遍につらなってゆくという、エキュメニカル運動の精神に、かなり近いのではあるまいか、と考えております。

私は未信者の立場から、深い宗教的体験をもっておられるみなさまと、どのようにして一つのコミュニティにつながることができるかを考えながら、お話し申しあげました。未熟な話をおきき下さいましたことを感謝いたします。

七　殺されたもののゆくえ——かくれ里

柳田民俗学の出発

わたくしは、これから始まります講座「かくれ里」の中で、柳田国男の「遠野物語」と「山人伝説」を中心にしてお話を申しあげるわけでございます。そこで、最初に、かくれ里ということを、日本文化史の中で位置づけ、そして更に、世界の社会文化史の中に位置づけてみたいと思います。それから具体的に、柳田国男の山人伝説とはどういうものであったか。それは、現代に生きている私たちにどういう意味をもつか。現代の「かくれ里」ということを考えてみたい。だいたいこの三段構えにしたいと思います。

柳田が「遠野物語」を書くようになった動機をさぐっていくと、山人伝説の日本の文化史における位置づけができるのではないかと考えます。「遠野物語」が書かれましたのは柳田国男が三十四歳の時でございます。一九〇九年（明治四十二年）になります。その前年、一九〇八年に遠野の人、佐々木喜善《きぜん》（号は鏡石《きょうせき》）に出合っております。この人が、自分の郷里の岩手県遠野では、こういう言い伝えを村の人々が信じているという話をするんです。それもズーズー弁です。ほんとにその人が心底から信じて語るので、柳田は感動したのです。で、そういう面白いところならば、ぜひ行ってみたいというわけでその翌年に柳田は遠野に出かけました。

佐々木喜善に出合った年は、もうひとつ出来事がありました。九州の日向の椎葉《しいば》村（宮崎県）に柳田は旅行しています。それが大きなショックだったのです。既に鉄道ができている、汽車が走っている、そういう時代に、日向の椎葉村では昔からの、マタギ、狩人の言葉が残っている、そして狩人の分配の方式が残っている、ということにおどろきました。近代と古代とが併存しているということに感動とおどろきを持ったのです。一九〇九年には、『後狩詞記《のちのかりことばのき》』という本を出しております。そして、『後狩詞記』は日本の南のはてのお話です。佐々木喜善の話は北のはてです。日本のチベットといわれる岩手県の山間部です。近代日本の南と北に古代の思想が生きていることに柳田は感動したのです。

椎葉と遠野に柳田が惹きつけられたのは、かれ自身の天賦《てんぷ》の鋭い感受性によったことはもとよりのことです。しかし、同時に柳田にヨーロッパ文学の造詣があったことは見逃せません。このことを的確にいいあてているのは、中村哲さんです。『柳田国男の思想』の中で、つぎのようにいっています。

> 民俗学そのものにおける彼と海外の学説との関係は、ともかくとして、もう一つ注意されることは、『文学界』や『民友社』の周辺の一人として、そのなかでも、外国文学から得た知識の豊富であったという点である。……この外国小説から実感をもって得たもののなかに、西欧における非キリスト教的な世界があるという発見がある。それは他ならぬ西欧の近代文明の底にある土着の民間伝承であり、民間信仰であった。▼(1)

その例として、中村さんは、イプセンの『ヴァイキング』、メレジュコフスキーの『諸神の最後』、アナトール・フランスの全作品、ハイネの『諸神流竄記《りゅうざん》』(『流刑の神々』)などをあげています。ヨーロッパにキリスト教が浸透してから、キリスト教以前にヨーロッパの人々が信じていた古代ギリシャやローマの神々は追放されました。そしてそれらの神々は悪魔にされたり、魔女にされたり、妖怪にされたりして、人々の心に生き残りました。こうしたヨーロッパの話が柳田を、椎葉と遠野へ惹きつける下地にあったのです。

もうひとつは、台湾の高砂族にかんする調査を柳田がよんでいたことです。台湾の高砂族は、最初は漢民族に征服され、それから日本が台湾を植民地にした時に、二重の征服を受けたわけです。柳田は、古事記や日本書紀の国つ神と天つ神の神話を、国つ神は先住民族――アイヌ又は縄文人――天つ神は外来の征服民族と見ております。そして、征服民族が入ってきたときに先住民族のあるものは山に逃げこんで、山人となったという仮説を唱えました。(2) 中村哲さんは柳田がこの仮説に達したであろういきさつを次のように説明しています。

これは大陸の漢民族に逐われて寒冷の高地に住みつくより他なかった台湾の蕃族からの着想によるものであったし、しかもそこには外国文学の行方にも注意してのことであった。(3)

流刑の神々

このように、ヨーロッパでも、アジアでも、征服され、または追放された小さな民の信じていた神々は、どこへいったのか。その思想はどうなったのか。そういう関心が柳田にあったからこそ、椎葉や遠野に着目することができたといえます。
ハイネの『流刑の神々』[4]について、柳田は二つの著書の中で感想をのべています。

ハイネの諸神流竄記を読んで見ると、中世耶蘇教の強烈なる勢力は、終にヴェヌスを黒暗洞裡の魔女となし、ジュピテルを北海の寂しい浜の渡守と化せしめずんば止まなかった。」(『不幸なる芸術』[5])

……我々が青年時代の愛読書ハインリッヒ・ハイネの諸神流竄記などは、今からもう百年以上も前の著述であったが、夙に其中には今日大に発達すべかりし学問の芽生を見せて居る。アナトール・フランスの如き敏感なる文人たちが、いち早く此研究の究竟地に就いて、深い意義を認めたのは申す迄もない。要するに耶蘇の宗教が一世を席巻した欧羅巴大陸にも、猶百千年を隔て豊富なる上代が活き残って居た。……一の国に既に消失したものは次の国の同一事情の下に保存せられて居た。要するに人類は必ずしも手軽に親々の遺産を拋棄しては居なかった。優勢なる新文明が社会を改めて行く力は、存外に表層膚浅のものであったといふことが、次第に会得せらるゝと共に、フォクロアは本来各国独立(ナショナル)の学問ではあるけれども、屢々同一の法則の古今多くの他民族に、共通するものが無かったか否かを、尋ね究むる必要

に出会ったのである。(6)

（面白いのは、柳田が「人類」ということばを使っていることです。柳田は、日本人のことばかり考えていたといわれていますけれど、ここでは、たしかに「人類」ということばを使っております。）

ヨーロッパをキリスト教がおおいつくすまで、古代の神々が支配していたわけです。アポロだとか、ディオニソスだとか、ジュピターだとか、ヴィーナスだとか、今はギリシャの彫刻になっている神様たちが、実際に、人々の心の中に生きていて、人間はそういう神様たちと共に暮していたんです。三世紀ごろからキリスト教によってそれらの神々は追放されてしまう。ところが追放されてもされても、人々が信じているものは残るものなのです。だからおもて向きは追放されたように見えても様々な形で人々の心の中に生き残ってきたのです。それを情熱をこめて書いたのがハイネの『諸神流竄記』なんです。

ところがこうした成りゆきは、人類一般の法則でないかどうか、ヨーロッパにそういうことがあったなら、日本にもそういうことがあるのではなかろうか。それを見究めるのが、民俗学者の仕事だ、というのが柳田のハイネからえた着想でした。

もうひとつは、その残ったものが新しい社会の行方に影響を与えていくということです。

もう古いものだから捨ててしまえばいいのではなくて、古いものの中に民衆の積み重ねてきた知恵がある。その知恵こそこれからの世の中を照らしていくひとつの指針になるのではないか。それが人類の法則ではないかと言っているんです。私は、この考えが、かくれ里を見るときの、大事な視点になると思います。

柳田は遠野へいって、会いたいと思う人がふたりありました。ひとりは、遠野の昔話を語ってくれた佐々木喜善その人です。もう一人は、伊能嘉矩《いのうよしのり》でした。伊能も佐々木も、ともに遠野の生れで、佐々木は柳田よりも十一歳若く、伊能は柳田より七つ年上でした。

伊能嘉矩は、台湾で高砂族の人類学的研究を行い、柳田はその論文を、『東京人類学雑誌』等でよんで高砂族調査に大変興味をもっていました。伊能自身、アイヌの血をひいていると信じていました。明治政府、ヤマト民族からみれば、自分はアイヌであり征服された先住民です。台湾の高砂族もまた、漢民族に征服され、のちに日本に抑圧され、二重の圧迫をうけて、山においやられた先住民です。こうした先住民どうしの熱い共感が、伊能の研究をささえていました。この人には、のちに、伊能の死後、柳田が協力して世に出した『台湾文化志』の名著があります▼(7)。

神々のゆくえ

ハイネの『諸神流竄記』では、逐《お》われた神々は、海へいったり、島へいったり、森へ入ったりします。高砂族の場合は、山へ追いやられました。この高砂族の運命は、日本の先住民である国つ神が、外来の征服民族からのがれるために山に入って山人となったという柳田の仮説にぴったりあいます。柳田は、ハイネに導かれて、追われゆく神々のゆくえに思いをいたし、伊能によって、山入りというかたちを教えられ、そして佐々木喜善を道案内として、遠野の山人と対面する、という道すじを辿ったということができます。

ここでハイネの『流刑の神々』の中から二つの話をひき出して、『遠野物語』の中の話とくらべてみましょう。第一は、チロルの森の湖のほとりにひとり暮している漁師の話です。漁師のところへ、毎年きまって秋分の夜に訪ねてくる三人の坊さんがいます。三人とも、いつも覆面でやってきます。そして、湖の向う岸まで渡し舟で連れてゆくように漁師にたのみます。ふしぎに思った漁師は、七年目になって、湖のむこうでこの坊さんたちが何をするのか、こわごわのぞき見をしたのです。そうすると、森の中に広い空地があって、そこには、頭にぶどうの枝葉で作った冠をかぶった、大理石のように白い顔をした男女が、「ぶどうの枝葉をまきつけた黄金の杖を手に振りながら、歓声をあげて」漁師が舟で連れてきた三人のお客にかけ寄ります。お客たちはそれぞれ覆面をとり、僧衣をぬぐと、みんな大理石のように白い顔をしています。さいしょの客は、「耳はとがった山羊耳をして、こっけいに誇張した性器をみせびらかせていた」みだらな中年男でした。もうひとりも、「裸のでか腹の」中年男でした。そして三番目は、「高貴なまでに均斎のとれたすばらしく美しい」若者でした。若者は二頭のライオンにひかせた黄金の二輪車に乗り、ゆっくりと進んでゆきます。そのかたわらから、高い脚のついた盃に、なみなみとぶどう酒をそそぐのは、中年男たちの役目です。「そして車の後には、ぶどうの枝葉で編んだ冠をかぶった男女が大はしゃぎで踊りながらうずを巻いて」つづきます。▼(8)

ここでおもしろいのは、「三人の坊さん」が、覆面をとる、ということです。キリスト教によって弾圧されたギリシャ・ローマの神々は、身をかくさなければ、生き延びることができなかった。それだから、覆面をして、キリスト教の坊さんの衣を着けている。覆面と僧衣をかなぐりすてると、大理石の彫刻のようにまっ白な顔をしているその中のひときわ美しい若者が、バッカス(ディオニソス)です。二人のみだらな中年男は、その従者です。そして、これまた大理石の彫像のように白い顔の男女たちは、すべて、ギリシャ・ローマの神たちでしょう。覆面をぬいだ神々の狂宴がおわると、ふたたび「三人の客」は、覆面をかぶり、僧衣をつけて、湖をわたって向う岸にかえってゆきます。そしてかえりぎわに、渡し賃を漁師の手のひらにおくのですが、その客の手の冷たいことに、漁師はぞっとする、というのです。覆面の神々が、覆面をかなぐりすてて、一年に一回のびやかに生きる森の中の祭の空間が、かくれ里だということができます。

この話には、皮肉なおちがついています。森の卑猥な狂宴を垣間見た漁師は、自分がすっかり堕落したものと思いこみ、こわくてたまらず、魂の救済をもとめて、近くの修道院の院長のところへ告白にゆきます。とおどろいたことには、その院長が顔をあげた拍子にかぶりものが落ち、よくよく見たら、きのう見たあの若者の魔神（そのように漁師は思いこんでいました）そっくりでありました。院長は、漁師にこの祭を見たことはだれにもいうなと固く口どめしたうえで、台所へいってなにか食べてゆくようにとすすめます。ところがまたまたおどろいたことには、台所がかりの二人の助修士たちは、森の祭で見た二人の従者そっくりであったのです。かくれ里というのは、森の中とか、山の中とかにあるだけでなく、わたしたちの身近にもある、ということを示しているのかもしれません。

バッカスの狂宴と、遠野物語とは、性器崇拝という点で類似点がある、と『神々の流刑』の訳者、小沢俊夫氏は指摘しています。[9] 遠野のコンセサマ、オコマサマ、オシラサマなどは、御神体は、「男の物」です。

『神々の流刑』の中からもう一つ話を引いてみましょう。北海にのぞむ東フリースランド

（ドイツ）の海辺の漁師の家に、オランダの商人がやってきて、「小船に乗せられるていどの数の霊魂」を、白島へ運んでくれとたのみます。

船頭はきめられた時刻にきめられた場所へ釣り舟をあやつっていく。はじめのうち舟は波のまにまに揺られているが、やがて満月があらわれると船頭は舟の揺れがすくなくなり、次第に吃水が深くなるのに気づく。しまいに水面が舟べりからほんのひと握り下というほどに吃水が深くなる。これを見て船頭はお客たち、つまり霊魂たちがみな乗船したにちがいないと思い、客を乗せた舟をこぎだす。……やがて白島に到着し、舟をとめる。浜には誰もいない。……そのオランダ人は固有名詞ばかり書いてある名簿を読みあげているらしく、その調子には点検するときの一種の単調さがある。読みあげられる名前のなかには漁師の知っているものがいくつかあり、いずれもこの年に亡くなった人びとの名ばかりである。名簿が読みあげられていくあいだに舟はだんだん軽くなる。そして今まで浜の砂のなかにずっしりくいこんでとまっていた舟が、読みあげが終わると突然軽くなってもちあがる。それによって船頭は自分の積荷が無事引きとられたことを知り、ジールの我が家にいる妻のもとへ安心してもどる▼[11]。

このオランダ商人とは、じつはローマの商い神、メルクリウス、もとはギリシャのヘルメス、の覆面した姿なのです。ハイネによれば、この話は、「死者は影の国に渡航する」という古代ゲルマン人の信仰をあらわしているのだそうです。そして、白島とは、イギリスのことなのだそうです。「イギリスを死者の国と、冥府《めいふ》の神ブルトンの国と、地獄と呼ぼうとしたのはなかなかユーモアのある考えだ」とハイネはいっています。キリスト教によれば、死者は天国へゆくか地獄へゆくかはしらず、いずれにしても、この世とは隔絶したところへいってしまうと信じられています。ところがこのように、死者が、小舟にのってゆかれるていどのところに渡ってゆく、という信仰が、ヨーロッパ中世に残っていたということを、この話は物語っています。

柳田は、『祖先の話』の中で、死者は、あまり遠くへいってしまわずに、生者と死者との交通が頻繁にできると考えられていたことが、日本人の信仰の一つの特徴だといっています。『遠野』には、さまざまの村の中に、昔お墓のあったダンノハナという地名があり、その近くには必ず、蓮台野《れんだいの》というところがあります。そして、六十をすぎた老人は、蓮台野に捨てられるけれども、すぐには死ねないので、そこから昼間は自分の畑へ下りてきて働き、夕方また蓮台野にかえってゆく。このことを、ハカダチ、ハカアガリというのだそうです。[12] これは生と死とがとなりあわせであり、生者と死者との交通があるばかりか、生と死のあいだに、どちらともいえないぼかしの領域があるという信仰のあらわれともうけとることができます。

谷川健一さんは、『常世論――日本人の魂のゆくえ』の中で、沖縄や奄美では、死者を小舟に乗せて、地先の小島に葬る風習があったことを書いています。そして、死者を葬る島を、「青《おう》の島」と呼んだのだそうです。南島では、青は死を、白は生をいみしたのだということです。[13] 死者は小舟にのって島へゆくという信仰は、すくなくともかたちのうえでは、ハイネの描いた古代ゲルマンの伝承と似ています。死者のゆく島は、ゲルマンの場合は白の島であり、日本の場合は青の島なのですが。

柳田は、ハイネの『神々の流刑』をよんで、キリスト教のように非寛容の宗教が支配した中世のヨーロッパでさえも、このように原始・古代の神々が、人々の心の中に生き残っていたことに非常に刺激されました。神道や仏教にくらべると、キリスト教は、異教に対してより非寛容です。しかし、おなじキリスト教の中では、プロテスタントの方が、カトリックより、より寛容でないということができます。そこで、古代の神々は、キリスト教がヨーロッパに浸透することによって、追放されはしたけれども、ハイネが力をこめて描いたように、人々の心の底に生きつづけました。ところが、十七世紀の宗教改革によって、古代の神々は、より徹底して追放され、殺されました。ヨーロッパでは、二段階で追放され、殺された、ということができます。いいかえますと、外来の征服者によって、あるいは、支配者の交替によって、支配的な宗教、思想が、変ると、前代から生きてきた人々の持っていた信仰、思想が弾圧されたとき、その信仰、思想はどうなるのか、ということです。殺されかけてもほんとうに死なないためには、かくれるのです。身をかくすのです。かくれる場処がかくれ里です。かくれ里は、旧い信仰や思想が生き残って、新しい社会に影響を与えてゆく拠点となることができる、そのような場だといえます。柳田国男は、かくれ里の中に、民衆が積み重ねてきた知恵の宝庫を発見したのです。ここまでは、ハイネからの刺激が大きかったといえます。

柳田国男と佐々木喜善との出会いの意味

佐々木喜善とのであいが、どのように柳田を触発したか、について、一言ふれておきたいと思います。東北大の民俗学者喜田貞吉博士が、オシラサマについて、講演したときのことです。オシラサマというのは、桑の木でできていて、男根のかたちだといわれています。それに幾重にも幾重にもお召物を着せてあります。巫女《みこ》さんが魂寄せのよりしろにするといわれているものです。このオシラサマを持って、喜田博士がお話をするときに、こんなにたくさん着物がきせてあるけれども、中には、いったい何があるんだろう、という、

全く学問的な好奇心から、きものを一枚一枚脱がせていったのです。これを見ていた佐々木喜善が、たまりかねて、

「大学の先生がそんなことしていいものスカ、オシラサマはおっかねえカミサマだからナス、罰あたって眼ハア潰れんスゾ、やめでガンセ」と言って、あのおだやかで大人風の喜善が血相かえて博士にとびかかり、オシラサマをうばって着物のふところに入れ、頑として出さなかったといふ。[14]

まだ逸話があります。喜善の娘さんが死んで四十九日目に、早池峯《はやちね》の岩壁の雲間から橋がかかり、その橋をわたって、娘さんが静かに歩いてくる。娘さんに「待ってくれ」と声をかけたとたん、喜善は正気にもどった、ということです。早池峯には、死者の霊が集まるとこの地では、信じられているのです。

このように、佐々木喜善は、遠野に生れ、育ち、一生遠野にくらして、古代心性を保ちつづけた人でした。他方柳田は、東京帝国大学を卒業して、貴族院官房長官になった人です。日本のエリート中のエリートなんです。外国の書物を読んでいる、そういう人なんです。だから近代人かというと、「私は近代人になり切れない」ということをしばしば洩ら

していたんです。四歳位の時に、家からトコトコトコトコトコ歩き出しちゃったんですね。どこへ行ったのかいなくなっちゃったんですね。それで皆んな捜して、ようやく変な方向に歩いている子供を探しあて、親が、お前、何してるんだといって背中をドンと叩いたら、やっと正気にかえりました。神戸におばさんがいると思い込んで、その方向に歩いていたというんです。この頃、兵庫県の村に住んでいたんですね。神戸におばさんなんかいないんです。つまり、何か思いこむと夢遊病のようになって歩く。「神かくしにあった」みたいに。

もうひとつは、十二、三歳の頃なんですけども、親戚のおばあさんが祠をつくって、中に何かおまつりしているんです。その祠の中に何があるのか、すごく見たくなって、庭の隅にある祠をあけて、何が入っているかと見たら、そこに手に入るくらいの石があった。それはおばあさんが中気にならない為に、掌に握る石だったのです。掌の油がついてすごくみがかれていた、それを取り出して見た時、昼間なのに、無数の星が天にきらめく様な感じがして、暫く、恍惚《こうこつ》の状態になったということが自伝に書かれています。(15)そういう不思議な幼児の体験が、佐々木喜善とあって話を聞いているうちに、つぎつぎと自分の中によみがえってきた。柳田は、喜善の話を聞いて、これを客観的に書いたというよりは、自分自身の潜在意識の底にある古代心性と、共感するものを描いたといえます。役人であったり、教師であったり、もの書きであったりした時には、抑え込んでいたものが、佐々木喜善が目の前に現われた時にふたが取れたように、よみがえってきた。喜善の話は、柳田にとって共感の持てる話であったのでしょう。そのように考えますと、かくれ里は、ある一定の場所にあるだけでなく、われわれの心の中にも、潜在意識とか、深層心理とか、そういう形であるものなんです。

柳田における山人伝説の系譜

柳田の著作の中で、かくれ里としての山人伝説は、ひとつの系譜を形づくっています。「後狩詞記」(一九〇九年)からはじまり、「『イタカ』及び『サンカ』」(一九〇九年)、「遠野物語」(一九一〇年)、「山人外伝資料」(一九一三年)、「所謂特殊部落の種類」(一九一三年)、「毛坊主考《けぼうず》」(一九一四年〜一五年)、「山人考」(一九一七年)等がつづきます。そして、「山の人生」(一九二五年)で、その系譜はとぎれます。

「後狩詞記」および「遠野物語」を書いて、柳田が民俗学に出発するようになった社会的な動機は、明治政府による神社合祀《ごうし》令の発令(一九〇六年)とその急速な施行でした。明治の初めから、市町村合併が進められていました。いくつかの自然村が一つの行政村に合併されたところでは、一つの村がいくつもの産土社《うぶすな》をもつことになります。そこで、各行政村ごとに、一社をのこして、その他の産土社をはじめ、種々雑多な小さい社や祠をすべてこわすか、合併してしまえという政策なのです。一九〇六年から一九一一年までの間に、日本じゅうで、およそ八万の村社が統廃合されました[16]。これより先、一八七一年には、太政官布告によって、伊勢皇太神宮を頂点とし、官社（官幣社、国幣社）—府県社—郷社—村社—無格《むかく》社という五段階に神社を等級分けしました。そして、一九〇六年には、勅令によって、官社から村社までは、それぞれ国、府県、郡市、町村が幣帛《へいはく》料を供えることができるが、無格社には許されないことを定めました。無格社への差別です。このことが無格社は、廃止したほうがよいという論拠になりました。このような一連の明治政府の政策によって、さまざまな小さい神々は、追放され、殺される破目になったのです。ヨーロッパ中世から近代にかけておこったように、「流刑の神々」の時代が、日本にもおとずれたことに危機感を感じたのが、柳田国男や南方熊楠でした[17]。ヨーロッパでは、キリスト教が、古代の神々を追放し、宗教改革がとどめをさしました。日本でも、すでに幾度か神々の追放があったと柳田は考えました。第一は、天つ神による国つ神の追放です。外来の征服民族によって、先住民の一部のものが山入りして山人となったという柳田の仮説です。第二は、荘園時代に、支配者である武家によって土地を収奪された人々が、遊行のヒジリやアルキミコなどになって、信仰を伝播《でんぱ》しました。おびただしい数の小さい社や祠やお堂などは、こうした巫女や聖《ひじり》が仲立ちとなって、「武家時代の中頃に」できたものらしい、と柳田はいっています。◀(18) 追放された神々が、日本国じゅうを漂泊し、定住者である村の人々に長い間信仰されてきました。ところが、これらの小さい神々にとどめをさしたのが、明治の天皇制国家であったのです。そこで、殺された神々が、ほんとうに死んでしまわないうちに、記録にとどめておこうとしたのが柳田の民俗学への出発の深い動機であったと思われます。

「遠野物語」の中で、山人とはどういう人たちでしょうか。山男、山人、山の神、天狗、山姥、山女、山姫、カッパ、異人などいろいろな名前でよばれています。異人ということばは、現在、外国人という意味で使いますが、ここでは、どうやら、アイヌの人たちのことらしいのです。日本文化の底流にアイヌの文化があるのではないかと梅原猛さんはいっておられます。そのことに一番先に着目したのは、柳田国男だとおっしゃってます。「遠野物語」の地名にそれがあらわれています。たとえば、ライナイ(来内)という地名があります。ライはアイヌ語で、〝死〟を意味し、ナイは沢、あるいは谷である。ですから、静かな死の谷のようなところという意味なのです。柳田はいろいろなアイヌ地名を注で説明しています。そして異人さんというのはどうもアイヌのことらしいのです。それから天狗というのは、赤い顔をして鼻が高い、どうもアイヌに似ている。アイヌの文化をさぐり出したいという気持がこういうところにでてきています。西洋人というのもあるんです。

西洋人というのは異人とちがうんです。西洋人は白い。そしてあいの子が生まれる。明治以後に西洋人がここへ来たと記されてあります。ですから、異人というのは外人とはちがうんですね。それから、山伏、ザシキワラシ。オクナイサマは家の中に入ってきて、いいことをしてくれるカミさまです。コンセさまとかオシラさまは前に述べました。動物では、サル、キツネ、オオカミ、白い鹿、カッコ鳥。それから花、それから、生きながら死せる人々などなど。たくさんの種類があります。

そのほかに、「山の人生」とか「山人外伝」に出てくるのは、職業として山にこもっている人々です。炭焼、マタギ、おわんの木地などをつくる木地屋、タタラ製鉄をする鍛冶屋、かれらも渡り歩くんですね。それからカネ屋、つまり金山師、金鉱を探しあるく人ですね。これは同時に狩人でもあります。食べる為に狩をする。そういう、職業として山に住み、山を渡りあるく技術者の群があります。このようにさまざまの変化に富んだ人々が、山の中を彷徨しているのです。

殺された神々のゆくえをおってゆくと、二つのことがらがはっきり見えてきます。一つは、人間と自然とのかんけいです。このことを、柳田は、とりわけ「遠野物語」のなかで、生き生きと描いています。そしてもう一つは、差別のもんだいです。このことは、「被差別部落の種類」、「毛坊主考」などにあらわれます。

「毛坊主」というのは、在俗の坊さんです。日頃は農業をしていて、頼まれれば葬式にいって念仏を唱えます。剃髪していないので、毛坊主といったのです。この毛坊主のことを調べているうちに、柳田は、中世の遊行僧が毛坊主の由来であったろうと推定しました。「所謂特殊部落ノ種類」の中で、柳田は、被差別部落民の一つの特徴として、移動性に富んでいることをあげています。漂泊民として特徴づけているのです。鉢屋、シュク、鉦《かね》打《たたき》、サンカ、ヤハラなどの名称をあげています。常民《じょうみん》が、新田を開発して定住したあとで、漂泊して村にやってきた人々です。屍体《したい》の片付けや、怨霊のとりしずめや、塚を作ることや、皮革を扱ったり、牢番やら首斬りやら、常民のいやがる仕事をするために、当時の支配者によって、村や町の辺境の悪い土地を与えられて定住させられたことが、差別のおこりだと柳田はいっています。そして、「毛坊主考」では、山伏、修験者、唱門師など信仰の伝播者から、革屋、籠《かご》屋、傀儡《くぐつ》師《し》、万歳、猿廻しなどの職人や遊芸師から乞食《こじき》にいたるまで、「公家、武家、社家及び農民」以外のあらゆる種々類多な職業人を、被差別部落民といっしょに扱っています。差別が、漂泊とむすびついており、どんなにいわれのないものかを、示そうとしたのです。

ところが、「山の人生」以後、柳田は、山人について、被差別部落について、研究し発表することをやめてしまいました。有泉貞夫氏によれば、差別の研究をつづけていけば、どうしても、天皇制批判にゆきつくことになり、それは柳田が極力回避したい問題であったからだ、といわれています。また、柳田は日本人の祖先崇拝を中心課題とするようになって、被差別部落のもんだいをきりすてた。なぜかというと、被差別部落では、祖先崇拝はおこなわれてはいないからだ、と論じられています。[19]

しかし、若くして亡くなられた柴田道子さんの『被差別部落の伝承と生活――信州の部落・古老聞き書き』によりますと、長野県下の五五の被差別部落のほとんどで、白山神をそれぞれの家の家敷神として祀っていたということです。そしてとくに県の東部では、白山神社を「己れの氏神」として尊び、一般（非被差別部落）の氏神に合祀しなかったそうです。古老たちは、自分たちの先祖のことを矜《ほこ》りをもって柴田さんに語ったそうです。そうした話にもとずいて、柴田さんは、「大昔から部落民という人種がいたわけでなく、まったく政策的に時の支配者によって、身分と階級を押しつけられたこと」がわかる、と結論づけています。[20] この点は、柳田の推定を実証しています。柴田さんの本をよむと、被差別部落民は氏神を祀らず祖先を重んじないという断定は、すくなくとも信州に関するかぎり、妥当性を欠きます。柴田さんは、柳田の民俗学の手法を用いて柳田の未踏の域に踏みこんだのだと思います。いずれにしても、差別と、かくれ里―山人伝説とが、分かちがたく結びついていることを、柳田民俗学の初期の仕事は、はっきり示しています。

「遠野物語」の自然観

「遠野物語」は、明治近代国家によって殺される以前の、人々の自然観を生き生きと描いています。第一に、人間と自然とのあいだには、互酬《ごしゅう》のかんけいがあるということです。遠野物語は、遠野三山の由来にまつわる美しい話で幕をあけます。

大昔に女神あり。三人の娘を伴いて此高原に来り、今の来内《らいない》村の伊豆権現の社ある処に宿りし夜、今夜よき夢を見たらん娘によき山を与ふべしと母の神の語りて寝たりしに、夜深く天より霊華降りて姉の姫の胸の上に止りしを、末の姫眼覚めて窃に之を取り、我胸の上に載せたりしかば、終に最も美しき早池峯の山を得、姉たちは六角牛と石神とを得たり。若き三人の女神各々三の山に住し今も之を領したまふ故に、遠野の女どもは其妬を畏れて今も此山には遊ばずと云へり。(21)

女神が三人の娘をつれて宿をとったのが、伊豆権現です。したがって、伊豆権現は、早池峯山の開山につながっています。菊地照雄さんが、この来内村の伊豆権現の縁起を書いているのです。この古い社を開いたのは、伊豆からはるばるやってきた、藤蔵という狩人でした。この人の本来の職業は金山師でした。金山師は移動するときは、自分の地元の氏神をしょってくるんですね。みちのくに伊豆権現があるというのはそのためなんです。来内村は、アイヌ語で、死の澤というみで、遠野盆地の隠れ里です。ここには遠野でもっとも古い火打沢金山があったのだそうです。藤蔵はここで氏神にお願いをします。もし自分に金を掘りあてさせて下さったら、この来内に三社権現の下宮をつくってあげると約束します。その願いが叶って、たくさんの金を掘り出すことができたので、下宮をつくった。さらに繁栄したならば、登拝路をつくって奥宮をたてる。そのうえに栄えれば里宮をつくる、という具合に、神が人間の願いごとを叶えてくだされば、人間はそのつど約束した報酬をもって神にむくいる。人間と神との間に、等価交換の互酬性の信仰があったことを、早池峯開山の縁起は物語っているのです。「神と人間と天と地のエネルギーの交流がなされた。信仰の古い姿は、恩恵にあずかったらその等量をかえし、調和をはかるというのが神供えの基本にあった」と菊地照雄さんはいっています。[22]

自然から奪ったものを、自然に返してゆくという等価交換の原理です。人間はどうしても自然から奪って暮らしている。魚を海からとる。山で鳥やけだものをとる。木を伐って家をつくる。土から穀物や野菜をつくって、土の生産性を弱らせる、というように収奪しているわけです。そうしなければ生きてゆかれない。化学肥料をどしどし与えて、できるだけ生産性をあげればよいというのが現代の農法です。昔の農業は土から奪っただけ、人間の排泄物、牛馬、家畜の排泄物のかたちで土に返してやるというのが大事な考えだったんですね。この人間と自然との互酬性によって、自然の循環をたすけていくのでなければ、自然はこわれてしまう。そして自然の一部である人間自身をこわしてしまいます。非常に原始的に見える自然と人間との交りが、かえって、新らしい科学・技術の考え方に近いということになります。

第二に、自然に対する限りない親しみとおそれです。山にも川にも、草や木にも、けだものにも、そして石ころにさえも、人間とおなじように、それぞれ固有の魂があるという、アニミズムの信仰があります。したがって、人間は自然と交感し、交流することができます。オシラサマの起源にみるように、馬と人間の美しい娘とが夫婦の契りをむすぶほどに仲良くなる。ところがこれを怒った娘の父親が、馬の首を切ってしまいます。娘が大そう悲しんで、馬の首にしがみつくと、馬の首は娘をつれて昇天してしまったという言い伝えです。馬をつないでいた桑の木で馬を象《かたど》った二体の神さまが、オシラサマです。遠野物語の中には、動物と人間、カッパと人間、神と人間、山人と平地人の娘、などのあいだの異類婚姻譚がでてきます。これは、人間と自然との親しさをあらわすと同時に、そのことが悲しい結末になるのは、自然へのおそれをあらわしているのだと思います。遠野三山の神々は女神におわすので、そのきつい妬《ねた》みごころをおそれて、遠野の女は山に遊びにいかない、というところにも、山をうやまいかつおそれる、山岳信仰の二面性があらわれています。人間が自然を征服し、支配するという近代自然科学・技術の考え方とはちがいます。

日本の伝統的な技術に対する考え方は、たとえば、川には川の心があって、このように流れているのだから、それを利用して、川のほとりになるべく植林をして、川底を深くすることによって、氾濫を防いだ。それが熊沢蕃山《ばんざん》の治山治水の考え方だった、と経済学者の室田武さんが書いておられます。ところが明治になってからの治山治水というのは、川岸の木を伐ってしまって、コンクリートで固める。すると、川底が浅くなって、ますます水はあふれる。あふれれば、ますますコンクリートの提防を高くする、これはいくらやっても自然のほうが勝ちです。ですから自然を支配できるという思い上がった考えではなくて、自然がどのように動こうとしているか、人間が自然の気持になって手助けをする。木を全部きって、提防をコンクリートで固めるよりも、植林をして洪水を防ぐ伝統的なやり方のほうがかしこいのではないか、という議論です。(23)

自然に対するアニミスティックな考え方と技術とのかんけいは、日本の特殊性ではありません。アメリカの科学史家のリン・ホワイトは、現代の環境破壊の危機は、人間だけが神に象って創られた被造物だから、その他のすべての被造物を支配することができるというキリスト教の自然観に根源的に由来しているといっています。キリスト教は、異端のアニミズムを破壊することによって、自然のもののもつ感性を無視して、人間の思いのままに自然を搾取することを可能にしたともいっています。しかし、これだけがキリスト教の唯一の自然観ではない。アシジの聖フランシスは、人間をふくめて、神の創られたものすべては平等であって、人間が被造物の君主だとは考えませんでした。蟻が人間の兄弟であれば、火もまた人間の姉妹として遇したのです。聖フランシスこそ、現在のエコロジストの守護聖人だと論じています。[24]

またイヴァン・イリイチは、十二世紀のフランダースの人、セント・ヴィクターのヒュー（一〇九六年ごろ生れ、四五歳で死にました。）の科学および技術についての考えを紹介しています。かれは、科学とは、人間が破壊した環境を治癒し、回復させるものであり、技術とは、自然の振舞を模倣するような道具をつくり出すことだと主張したのです。しかしかれの死後、この考えは、人間が自然を支配すべきだという、考え方に完全に、とってかわられた、とイリイチは述べています。[25]

このように、遠野物語に描かれている日本の小さい人々の自然観は、日本固有のものといいきることはできません。ヨーロッパ中世にも、それが主流を占める思想ではなかったにしても、それに似たものをさがし出すことができるということです。

現在世界的規模でおこっている、軍備競争、急速な工業化とそれに伴う環境破壊に対して、自然と人間とがどのようにして共生しながら発展してゆけるかがわたしたちの課題です。前代の「迷信」だといわれてきた考え方の中に、こうした現代の困った問題をのりこえてゆく知恵がかくされているのかもしれません。

最近、鎮守の森を残す運動をしなくちゃいけないなどということがよくいわれます。これはおかしいでしょう、鎮守さまなんて本当はどうでもいいわけなんです。神様がいるわけでもなんでもない、といえばそうなんです。ところが鎮守の社は必ず森林によっておおわれていたのです。日本の農耕民族にとっては、水がなければ、田畑を耕すことができなかったから、水が絶対必要だったのです。村を開いたら、水が一番コンコンと湧き出すところに鎮守様をつくった。そしてその周りに木を植えたわけなんですね。そうしなければ、水を保つことができませんから。ところが、そのころは、水源を保つためという目的は、かかげられませんでした。日本の神々は、いつもお社の中にいらっしゃるのではなくて、山にいるんですね。そしてお祭のときに山のてっぺんからおりてくるんです。おりてくる時に目印がなくちゃならないんです。高い木があると目印になるんですね。高い木を伝ってずっと下の方におりていらっしゃる。そのために、鎮守の森はひときわ高い木々の森であったわけです。これは神様の森であるから切ってはいけないという信仰上のタブーになっていたわけですね。けれども今になって科学的な根拠を考えると、森林がなければ水が保てない、ということがわかります。だからこれは前代の知恵であった。タブーにすることによって、皆んながその森をお守りしてきたということなんですね。昔の人がやみくもに信じてきたことの因果関係をしらべると、合理的であったということが沢山あります。それを迷信だといってとっぱらったのが、明治政府のやり方でした。神社合祀令によって、全国でたくさんの鎮守の森や、小社小祠《しょうし》をこわしたのは、ヨーロッパのキリスト教に対する誤解と、日本の民間信仰にかんする誤解と、二重の誤解から生じたものと思われます。ヨーロッパ視察にいった明治政府の役人（床次竹二郎）が、ヨーロッパ人が信仰心が厚いのは、キリスト教の伽藍や教会の建物が壮麗なためだと感ちがいしたのはその一例です。他方、日本人にとって、神は、祭の時に、人々の招請によって、祭場におりてくるものです。高い木の目じるしや、神のよりしろとなる小さな石ころ一つがあるだけで、人々は熱い信仰心をよせたのでした。

現代のかくれ里

かくれ里は、一体どこへいったのでしょうか。遠野は、現在は「トーノピア」とよばれ、新らしい近代都市に生まれかわりました。カッパの池とか、オシラサマの家はあるにはありますが、それらはすべて観光用です。昔のかくれ里のおもかげはありません。

他方、新しいかくれ里ができつつあります。たとえばかくれ被爆者。被爆者に対する差別があるために、被爆者であるから結婚ができない、就職ができないなどの理由で、被爆者であっても名乗り出ない人が沢山いるんですね。長崎では、かくれキリシタンとかくれ被爆者がいっしょになって二重うつしになっている。もうひとつは、私がここ七年ほど調べております水俣病です。「うして水俣病」というんです。打ち捨てられた水俣病という意味で、これも、かくれ水俣病です。自分が水俣病ですと申請すると、まずとったお魚が売れないとか、結婚とか就職ができなくなります。私たちが差別するから、その人たちがかくれなくちゃならないという、全くかくれ里の由来と同じものであります。

それからもうひとつ、最近気がつきました。ハンセン氏病です。山陽放送で、「もうひとつの橋」というテレビ番組をつくりました。これは岡山県国立療養所長島愛生院のお話なんです。長島と本土とのあいだは、瀬溝《せみぞ》の海峡といいまして、たった二十メートルの海峡があります。そこには橋がないのです。これに対して、瀬戸の大橋というのは長さ三百メートルです。それは国家的建設事業として、四国と本州を結ぶ大橋をつくっているんですね。それなのにたった二十メートルの溝に橋がかからないんです。なぜかというと、ハンセン氏病はきらわれているからです。ハンセン氏病は、昔は伝染病でなおらない病気ということになっていました。現在の医学では完治する病気なんです。今そこにいる人たちは、ほとんど菌を保持していない。アメリカでも、韓国でも、また皮肉なことに、国内では私たちが差別をしている沖縄でも、在日韓国人のあいだでも、ハンセン氏病は通院の病気になっています。家庭から通院しているし、健康な人達と一緒に暮らしているし、療養所にいる人たちのところに小供達が遊びにきて普通の病院と同じことになっています。アメリカではそのように扱われているので、沖縄も、韓国もアメリカによって占領されたところは、そういうふうになっています。長島愛生院では、お正月に家族がごちそうを持ってたずねてきて、にぎやかなのは、在日韓国人の患者さんの病室だけなのです。高度工業社会では、日本だけが隔離しています。橋を渡していないのです。本当のかくれ里です。ここに今いる日本人たちはそれぞれの故郷の籍から抹殺されていたのです。家族からみれば、すでに死んだ人です。蓮台野と同じです。家族から捨てられて、死んだということになっているから、家に帰ることはできないし、死んでも故郷の墓に入ることはできないのだということを、患者さんたちがはっきり語りました。これこそ完全なかくれ里です。この作品は、川崎市と神奈川県主催の「地方の時代映像祭」(一九八四年)にグランプリをとりました。

遠野は、もうかくれ里ではありませんが、私たちの中には沢山のかくれ里があります。

そしてかくれ里にいる人たちの持っている思想と行動――水俣病の患者さん、被爆者、ハンセン氏病患者、在日韓国人の思想と行動――こそ、近代文明がもたらした危機を乗り切るために、非常に大事なものを示唆していると私は考えます。

注

(1) 中村哲、『柳田国男の思想』、法政大学出版局、一九六七年、一一ページ。
(2) 柳田国男、「山人考」、「山人外伝資料」、『定本柳田国男集』第四巻所収、筑摩書房、一九六三年。
(3) 中村、前掲、二四―二五ページ。
(4) ハインリヒ・ハイネ著、小沢俊夫訳、『流刑の神々・精霊物語』、岩波文庫、一九八〇年、二〇一ページ。「諸神流竄記」は柳田が原書の英訳をよんで自分で訳した題名であるらしい。
(5) 柳田、「不幸なる芸術」、『定本』、第七巻、二四四ページ。
(6) 柳田、「青年と学問」、『定本』、第二十五巻、二五三ページ。
(7) 伊能嘉矩と柳田国男の関係については、菊地照雄、『遠野物語をゆく』、伝統と現代社、一九八三年、二二九―二三三ページ参照。
(8) ハイネ、前提、一三二―一三四ページ。

(9)同右、二一〇—二一一ページ。

(10)柳田、「遠野物語」、『定本』、第四巻、一六ページ。

(11)ハイネ、前掲、一四三—一四四ページ。

(12)「遠野物語」、四六ページ。

(13)谷川健一、『常世論——日本の魂のゆくえ』、平凡社選書81、一九八三年、一四ページ、五七—五八ページ。

(14)菊地、前掲、二四四ページ。

(15)柳田、「故郷七十年」、『定本』別巻第三、一四八—一四九、一一四—一一五ページ。

(16)村上重良、『国家神道』、岩波書店、一九七〇年、一六七ページ。

(17)鶴見和子、『南方熊楠』、講談社学術文庫、一九八一年、二三二—二三三、二四九—二八九ページ参照。

(18)柳田、「巫女考」、『定本』、第九巻、二九七ページ。

(19)有泉貞夫、「柳田国男考—祖先崇拝と差別」、神島二郎編、『柳田国男研究』、筑摩書房、一九七三年、二七三—四〇〇ページ参照。

(20)柴田道子、『被差別部落の伝承と生活——信州の部落・古老聞き書』、三一書房、一九七二年、二一九ページ。

(21)「遠野物語」、一一ページ

(22)菊地、前掲、一四三—一五五ページ参照。

(23)室田武『水土の経済学——くらしを見つめる共生の思想』紀伊国屋書店、一九八一年、一五八―一七七ページ。

（24）Lynn White, Jr., "The Historical Roots of Our Ecologie Crisis", *Science*, March 1967, Vol.155, No.3767, pp.1203-1206.

（25）Ivan Illich, "Science by People", 1980, pp.79-95.（未定稿による。これは後にイリイチ著・玉野井芳郎、栗原彬訳『シャドウ・ワーク』岩波現代選書、一九八二年、に「生き生きとした共生を求めて——民衆による探究行為」として収められた。

初出一覧

柳田国男と南方熊楠　一九八二年六月十六日、ＮＨＫ文化センター。ＮＨＫ文化講演会９（日本放送出版協会）一九八三年

日本人の創造性　「理想」（理想社）一九八二年五月号

創造の型としての柳田国男　一九八二年五月二十八日、日本地名研究所・川崎市主催「柳田没後二十周年記念シンポジウム」。谷川健一編『地名と日本人』（講談社）一九八三年

橋川さんの柳田国男論　橋川文三著作集２月報（筑摩書房）一九八五年

創造の方法としての南方曼陀羅　一九八一年七月二十五日、日本記号学会研究会。「現代思想」（青土社）一九八三年十月号

博識・南方熊楠の書庫　「読売新聞」一九八一年八月十七日号

南方熊楠のうたと川柳　「短歌現代」（短歌新聞社）一九八二年二月号

文化の根としての女の力　一九七七年十月二十六日、那覇市における岩波文化講演会。「図書」（岩波書店）一九七八年二月号

日本人の宗教生活の土着性と世界性　一九七二年十一月十二日、キリスト友会日本年会、新渡戸記念講座。「キリスト友会日本年会発行小冊子」一九七三年

殺されたもののゆくえ　一九八三年十月七日、朝日カルチャー・センター講演

あとがき

わたしにとって、戦後もっともいみのある体験はなにか、ときかれると、わたしは、生活記録運動に参加したこと、と答える。それは、一九五二年が出発であった。そこからわたしが学んだのは、第一に、国分一太郎さんのいわれた、「概念くだき」であった。わたしたちが使いすぎている抽象的なことばを、その発生の場である人々の体験の脈絡に戻して、考え直し、鍛え直す、ということであった。第二は、歴史を創る小さき人々が、自分たちの生活史を書くことによって、小さき人々の歴史を記録にとどめる、ということであった。そして第三は、このような立場から眺め直すと、これまでの日本の学問は、西欧の学問に頼りすぎていて、日本の小さき人々の生活や思想をうまくとらえることができないことに気がついたことである。

このようなはっきりした問題意識をもって、柳田国男の仕事と出会ったのは、一九六〇年であった。その後わたしはアメリカにゆき、マリオン・リーヴィ教授のもとで社会学、とくに近代化論を学んだ。そして日本にかえり、一九六九年、上智大学国際関係研究所に入ってから、非西欧社会の庶民の立場から、近代化論を考え直す作業をはじめた。『思想の冒険―社会と変化の新しいパラダイム』(鶴見、市井三郎編、筑摩書房、一九七四年)はそうした目標をめざす学者集団の共同作業の一つの成果であった。

わたしは、『漂泊と定住と――柳田国男の社会変動論』(筑摩書房、一九七七年)の中で、柳田の仕事から、土着の社会変動論をひき出すこころみをはじめた。そして、『南方熊楠――地球志向の比較学』(日本民俗文化大系(4)講談社、一九七八年。講談社学術文庫、一九八一年)の中で、南方の仕事から民際比較の土着的な手法をひき出すことに努めた。

この本に収めたのは、主として、ここ四、五年の間に、しゃべったり、書いたりしたものである。以上の二冊の本を書いたあとで、柳田や南方について、調べたり考えたりした話や文章をあつめた。折口信夫に関心を持ったのは最近のことで、まだまったくの初歩である。「日本人の宗教生活の土着性と世界性」と「文化の根としての女の力」とは、それよりも古いのだが、テーマに関連があるので、ここに収録した。

しゃべったものに手を入れた稿と、はじめから書いた文章とのあいだに、文体の不統一がある。また、それぞれバラバラに語ったり、書いたりしたものを一緒にしたために、内容に重複がある。そのために本がよみにくい。しかし、テーマには一貫性があるつもりである。柳田と南方と折口と、この三人の独創的な日本の民俗学者の仕事をよりどころとして、日本研究にとってホモロジカル(理論と研究対象とのあいだに、同根性がある)な理論を構築してみたい。そのための試行錯誤の道すじをここにあらわにしたということである。成功するかどうかわからない手品の種あかしのようなものだ。

この本がこういう形でまとまったのは、はる書房の古川弘典さんの熱心なおすすめと、講演のテープおこしなどの面倒な作業をすすんで引受けて下さった御好意とによるものである。古川さんとの出会いは、沢井余志郎さんの『くさい魚とぜんそくの証文——公害四日市の記録文集』(はる書房、一九八四年)の出版がきっかけであった。沢井さんは、一九五〇年代の生活記録運動仲間である。この本は、沢井さんと生活記録運動とのご縁で生れた。古川さんと沢井さんに感謝する。

鶴見和子

一九八五年九月

【著者略歴】
鶴見和子（つるみ・かずこ）
1918年　東京に生まれる。

1966年　津田英学塾卒業後、プリンストン大学 Ph.D.（社会学）。
1969年～89年　上智大学教授。同大国際関係研究所員。
2006年　死去
著書:『父と母の歴史』（筑摩書房、1962)、『好奇心と日本人』（講談社、1972)、『思想の冒険』（共編著、筑摩書房、1974)、『漂泊と定住と』（筑摩書房、1977、ちくま学芸文庫、1993)、『南方熊楠』（講談社、1978、毎日出版文化賞、講談社学術文庫、1981)、『暮らしの流儀』（はる書房、1987)、『内発的発展論』（共編著、東京大学出版会、1989、NIRA 政策研究・東畑記念賞)、『南方曼荼羅論』（八坂書房、1992)、『きもの自在』（晶文社、1993)、『内発的発展と外向型発展』（共編著、東京大学出版会、1994)、『内発的発展論の展開』（筑摩書房、1996)、『女書生』（はる書房、1997)、『コレクション鶴見和子曼荼羅』（全9巻、藤原書店、1997-9）その他。1995年南方熊楠賞、99年朝日賞受賞。

【新版】殺されたもののゆくえ―わたしの民俗学ノート―
一九八五年十一月二十日　初版第一刷発行
二〇一八年二月二十日　新版第一刷発行
著　者　鶴見和子
発行所　株式会社はる書房
〒一〇一―〇〇五一　東京都千代田区神田神保町一―四四　駿河台ビル
電話・〇三―三二九三―八五四九　FAX・〇三―三二九三―八五五八
http://www.harushobo.jp
郵便振替　〇〇一一〇―六―三三三二七
装　丁　光山年樹
組　版　有限会社シナプス
印刷・製本　中央精版印刷株式会社

ISBN978-4-89984-165-4